Siegfried Schulz (Hrsg.)

Materialien Christen und Juden

Sekundarstufe I

Ernst Klett Verlag für Wissen und Bildung
Stuttgart · Dresden

1. Auflage 1 6 5 4 3 | 1994 93 92 91

Die letzte Zahl bezeichnet das Jahr dieses Druckes.
Satz und Druck: Wilhelm Röck, Weinsberg
Einbandgestaltung: Zembsch' Werkstatt, München
ISBN 3-12-268670-8

Inhalt

Judenvernichtung am Beispiel des Warschauer Ghettos

Auschwitz

Glaube und Denken nach Auschwitz

Schuld und Verantwortung

Die Kirche nach 1945 und die Juden

Aspekte des christlich-jüdischen Dialogs

Jüdisches Selbstverständnis nach 1945: Der Staat Israel

Begegnungen

Ziele der Unterrichtseinheit

1 Max Picard: Der Mensch der Greuel

Die Verbrechen können auch hervorstürzen aus der Leidenschaft des menschlichen Wesens, wie in der französischen Revolution, – sie waren Fleisch gewordene, böse Leidenschaft.
Die Naziverbrechen aber sind auskalkuliert, wie im Reagenzglas der Fabriken ausgeprobt, es ist eine wissenschaftliche Grausamkeit, eine Ingenieurs- und Chemikergrausamkeit. Sie sind nicht Natur und nicht Ausbruch der Leidenschaft, sondern wie eine Produktion der Fabriken, und darum nehmen sie in dem ungeheuern Maße zu wie die Produktion der Fabriken zunimmt. Die Quantität der Grausamkeit ist hier wie die Quantität des Exportes, und darum erscheint die Grausamkeit der Nazis so nebensächlich und wird wie Exportziffern vergessen, sie scheint den Menschen nichts anzugehen, er kommt sich nicht verantwortlich dafür vor . . .

Das ist das Neue und ganz und gar Furchterregende an der Nazigrausamkeit: sie hat nicht mehr das Maß des Menschen, sondern das Maß eines Außermenschlichen, einer Apparatur der Laboratorien und Fabriken. Selbst die Grausamkeit Neros und Caligulas war wenigstens noch an diese Menschen, an ihr wüstes Fleisch und an ihre korrumpierten Sinne gebunden, es waren noch die menschlichen Trümmer im Verbrechen darin, es war noch ein Zusammenhang mit dem Menschen vorhanden, das Verbrechen ging noch unmittelbar vom Menschen aus. Die Nazigrausamkeit geht von einer Fabrikapparatur aus oder von einem Menschen, der totale Apparatur geworden ist.
Wenn der Mensch das menschliche Maß des Bösen überschreiten will, dann muß er aufhören, Mensch zu sein, er muß Apparatur werden: diese ist maßlos, weil sie nur auf das Quantitative eingerichtet ist, sie kann bis ins Ungeheuerlichste gesteigert werden . . .

Zusammenhangslos, apparaturhaft war alles, und darum muß man sich nicht wundern, daß Himmler ein guter Bachinterpret war und daß Heydrich, der die Greuel in der Tschechoslowakei dirigierte, in den Konzerten über der Musik Mozarts weinte. Mord und Mozart, Vergasungskammer und Konzertsaal, liegen nebeneinander . . .

Aus: Max Picard, Hitler in uns selbst

2 Werner Keller: Tolerante Karolinger

Das achte Jahrhundert bringt für Israel auf dem Schauplatz des Abendlandes eine hoffnungsvolle und vielversprechende Wende. Nachdem zu Beginn des Jahrhunderts mit der Vertreibung der Westgoten durch die Araber die Stunde der Freiheit für die spanischen Juden geschlagen hatte, ändert sich wenige Jahrzehnte später auch nördlich der Pyrenäen ihre Lage entscheidend: Mit dem Aufstieg der Karolinger beginnt auch in den übrigen Ländern Europas für das Judentum eine Zeit des Friedens und ungestörten Lebens.

Karl der Große (768–814), dem Europa Neugeburt und Aufstieg zur kommenden Weltmacht verdankt, bricht mit der unduldsamen Judenpolitik. Seine Auffassungen von den Aufgaben der Staatsverwaltung sind viel zu nüchtern und sachlich, als daß er sie in den Dienst einer Kirchenpolitik stellen läßt, wie es in Spanien unter den westgotischen Königen und im eigenen Lande, im Frankenreich, unter den Merowingern geschehen war. Obwohl selbst Schutzherr der Kirche, scheut er nicht davor zurück, wenn es ihm zweckdienlich erscheint, sich über Kirchensatzungen und Konzilbeschlüsse hinwegzusetzen. Er betreibt eine Politik, mit der bereits sein Vater begann.

Im Jahre 759 hatten die Franken unter König Pippin die Stadt Narbonne in Septimanien, die unter arabischer Besatzung stand, eingenommen. Den in der Stadt wohnenden Juden wurden alle ihnen bereits zustehenden Rechte und Freiheiten belassen. Auch unter Karl dem Großen änderte sich daran nichts, ungeachtet der im Frankenreich von den Kirchenkonzilen erlassenen Kanons. Empört schrieb Papst Stephan III. dem Bischof Aribert von Narbonne: „Von Kummer ergriffen und zu Tode geängstigt empfingen wir von dir die Kunde, daß das Judenvolk, das stets aufsässig gegen Gott und unseren Bräuchen abhold war, auf christlichem Grund und Boden in voller Gleichberechtigung mit den Christen lehenszinsfreie Erbgüter in Städten und Vorstädten sein eigen nennt, und zwar auf Grund der ihnen ehemals von den Frankenkönigen verliehenen Vorrechte. Christen bebauen jüdische Weinberge und Äcker, Christen und Christinnen wohnen unter einem Dach mit diesen Verrätern und besudeln Tag und Nacht ihre Seele durch Worte der Gotteslästerung; die Unglückseligen müssen sich täglich und stündlich vor diesen Hunden erniedrigen, indem sie all ihren Launen zu Willen sein müssen ...

Schon die Gerechtigkeit verlangt es, daß die diesen Verrätern gegebenen Versprechen als nichtig erklärt werden, damit der Tod des gekreuzigten Erlösers endlich gerächt werde ..."

Keine Nachricht besagt, daß der Papst seinen Unwillen auch dem Frankenkönig gegenüber zum Ausdruck gebracht hätte. Das wagte Stephan III. nicht, zumal in einem Augenblick, da Karl selbst gerade Rom vor den Angriffen der Langobarden beschützte.

Karl der Große nahm die Juden unter seine Vormundschaft. Er sicherte ihnen den Schutz ihres Lebens und ihrer Ehre zu, ihre Religionsausübung und ihr Eigentum. Zugleich gewährte er ihnen die Handelsfreiheit. Der Handel mit Sklaven war ihnen ausdrücklich erlaubt, auch der Besitz heidnischer Sklaven, und es war nicht gestattet, diese zu taufen, um sie ihnen zu entziehen. Sie durften auch christliche Arbeiter in ihren Dienst nehmen, sie jedoch nicht an Sonn- und kirchlichen Feiertagen beschäftigen. Über ihre Rechtsstreitigkeiten entschieden jüdische Richter. Für den ihnen gewährten Schutz schuldeten die Juden dem Kaiser alljährlich eine Abgabe, die sich auf ein Zehntel ihrer Einnahmen belief. Als weitblickender Regent, der die wirtschaftlichen Interessen und Bedürfnisse des Reiches im Auge hatte, förderte er die Juden in jeder Weise und begünstigte auch ihre Einwanderung. Er hatte sehr wohl erkannt, wieviel Nutzen und Vorteile eine fleißige und unternehmungsfrohe jüdische Bevölkerung mit ihren vielseitigen Kenntnissen und Fähigkeiten einem noch im Aufbau begriffenen Lande zu bringen vermochte. Ganz abgesehen davon, welche große Bedeutung ihnen mit ihren weltweiten Beziehungen zukam, waren doch die Juden zugleich auch die treibende Kraft eines internationalen Handels. Gerade ihrer bedurfte man in jenen Zeitläuften mehr als je zuvor für viele wichtige Aufgaben, vor allem diejenigen, die die außereuropäische Welt betrafen, sei es in diplomatischen Missionen oder im Außenhandel. Denn rings um das Abendland war ein riesiger Eiserner Vorhang niedergegangen.

Aus: Werner Keller, Und wurden zerstreut unter alle Völker

3 Bild: Süßkind von Trimberg

Aus: Großen Heidelberger Liederhandschrift (Manesse)

4 Eine Liste bedeutender Frauen und Männer

Woody Allen (1935)	Regisseur und Schauspieler
Jean Améry (1912–1978)	Schriftsteller
Günther Anders (1902)	Schriftsteller
Jurek Becker (1937)	Schriftsteller
Leonard Bernstein (1918)	Komponist
Wolf Biermann (1936)	Schriftsteller und Sänger
Ernst Bloch (1885–1977)	Philosoph
Niels Bohr (1885–1962)	Physiker und Nobelpreisträger
Ludwig Börne (1786–1837)	Schriftsteller
Martin Buber (1878–1965)	Religionsphilosoph
Elias Canetti (1905)	Schriftsteller
Alfred Döblin (1878–1957)	Schriftsteller
Hilde Domin (1912)	Lyrikerin
Albert Einstein (1879–1955)	Physiker und Nobelpreisträger
Sigmund Freud (1856–1939)	Begründer der Psychoanalyse
Erich Fried (1921)	Lyriker
Erich Fromm (1900–1980)	Psychoanalytiker und Sozialphilosoph
Heinrich Heine (1797–1856)	Dichter
Theodor Herzl (1860–1904)	Politiker
Wolfgang Hildesheimer (1916)	Schriftsteller
Hugo von Hofmannsthal (1874–1929)	Dichter
Robert Jungk (1913)	Zukunftsforscher und Publizist
Franz Kafka (1883–1924)	Schriftsteller
Bruno Kreisky (1911)	Politiker
Elisabeth Langgässer (1899–1950)	Schriftstellerin
Ferdinand Lasalle (1825–1864)	Politiker, Arbeiterführer
Else Lasker-Schüler (1869–1945)	Schriftstellerin
Max Liebermann (1847–1935)	Maler
Rosa Luxemburg (1870–1919)	Politikerin
Gustav Mahler (1860–1911)	Komponist und Dirigent
Herbert Marcuse (1898–1979)	Sozialphilosoph
Karl Marx (1818–1883)	Begründer des wissenschaftlichen Sozialismus
Moses Mendelsohn (1729–1786)	Philosoph
Felix Mendelsohn-Bartholdy (1809–1847)	Komponist
Yehudi Menuhin (1916)	Geiger
Otto Meyerhof (1884–1951)	Mediziner, Nobelpreisträger
Friedrich Nietzsche (1844–1900)	Philosoph
David Oistrach (1908–1974)	Geiger
Robert Oppenheimer (1904–1967)	Physiker, Erbauer der 1. Atombombe

Lili Palmer (1914–1986)	Schauspielerin
Boris Pasternak (1890–1960)	Schriftsteller
Walter Rathenau (1867–1922)	Politiker
Hans Rosenthal (1925–1987)	Showmaster
Artur Rubinstein (1889)	Komponist und Pianist
Max Scheler (1874–1928)	Philosoph
Friedrich Schiller (1759–1805)	Dichter
Arthur Schnitzler (1862–1931)	Schriftsteller
Arnold Schönberg (1874–1951)	Komponist
Baruch Spinoza (1632–1677)	Philosoph
Barbra Streisand (1942)	Schauspielerin
Edward Teller (1908)	Atomphysiker
Leo Tolstoi (1828–1910)	Dichter
Kurt Tucholsky (1890–1935)	Schriftsteller
Simone Weil (1909–1943)	Philosophin
Franz Werfel (1890–1945)	Dichter
Arnold Zweig (1887–1968)	Schriftsteller
Stefan Zweig (1881–1942)	Schriftsteller
Carl Zuckmayer (1896–1977)	Schriftsteller

Zusammengestellt von Siegfried Schulz

5 Antijüdische Gesetzgebung der Kirche 1215 Bestimmungen des IV. Laterankonzils

„In einigen Provinzen unterscheidet die Kleidung Juden und Sarazenen von den Christen. Aber in gewissen anderen ist eine solche Regellosigkeit entstanden, daß sie durch keine Unterscheidung kenntlich sind. Daher kommt es zuweilen vor, daß sich irrtümlicherweise Christen mit jüdischen oder sarazenischen und Juden oder Sarazenen sich mit christlichen Frauen vermischen. Damit also den Ausschweifungen einer so abscheulichen Vermischung in Zukunft die Ausflucht des Irrtums abgeschnitten werde, bestimmen wir, daß Juden und Sarazenen beiderlei Geschlechts in jeder christlichen Provinz und zu jeder Zeit sich durch die Art ihres Gewandes öffentlich von der übrigen Bevölkerung unterscheiden sollen, zumal man auch bei Moses[1] liest, daß ihm eben dies auferlegt ist. In den Kar-Tagen und am Passionssonntag sollen sie keinesfalls in die Öffentlichkeit ausgehen, weil einige von ihnen, wie wir erfahren haben, sich nicht schämten, geschmückt einherzugehen, und sich nicht scheuten, die Christen zu verspotten, die, des heiligsten Leidens eingedenk, Zeichen der Trauer trugen. Das aber wollen wir aufs strengste verhindern, daß sie sich unterstehen, zur Verspottung des Erlösers auszugehen. Und da wir nun einmal die Schmähung dessen nicht übersehen dürfen, der unsere Schande tilgte, bestimmen wir, daß diejenigen, die so vermessen sind, durch die weltlichen Fürsten mit gebührender Beachtung im Zaun gehalten werden, damit sie es nicht wagen, den zu lästern, der für uns gekreuzigt worden ist.«

„Da es allzu sinnlos wäre, daß ein Lästerer Christi über Christen Gewalt habe, so erneuern wir das, was hierüber das Konzil von Toledo weise verfügt hat ... Wir verbieten, daß Juden zu öffentlichen Ämtern zugelassen werden, da sie unter dem Vorwand ihres Amtes den Christen am meisten aufsässig sind ... Dem Inhaber eines solchen Amtes aber soll so lange die Gemeinschaft mit den Christen im Handel und in anderem versagt werden, bis er zum Nutzen der Armen der Christen ... übergeben hat, was er von den Christen gelegentlich seines so übernommenen Amtes erlangt hat. Das Amt selber aber ... soll er mit Schaden wieder aufgeben."

[1] vgl. 4. Mose 15/37–41

Aus: Willehad Paul Eckert, Kirche und Synagoge

„Richtig ein

Ein rechter Terrorist erzählt seine Karriere /

Alle 26 Minuten ein Übergriff auf Farbige

LONDON (dpa). Alle 26 Minuten wird ein schwarzer oder farbiger Bürger Großbritanniens Opfer eines rassistischen Übergriffs. Wie die beiden Labour-Europaabgeordneten Alf Lomas und Glyn Ford am Donnerstag auf einer Pressekonferenz berichteten, werden jedes Jahr schätzungsweise 20 000 rassistisch motivierte Tätlichkeiten und Körperverletzungen begangen. „Dies ist ein tiefsitzendes und langfristiges Problem", erklärten die Abgeordneten. Bestehende Gesetze würden nicht angewandt, weil viele Opfer sich nicht bei der Polizei meldeten. „Sie glauben nicht daran, daß etwas geschieht, und meistens geschieht auch nichts".

9. 1. 1987

Brettspiel verhöhnt Leiden der Juden

BONN (Reuter). Ein makabres Brettspiel, bei dem Gewinner wird, wer zuerst sechs Millionen Juden vernichtet, geht neuerdings in der Bundesrepublik Deutschland um. Nach Angaben von Mitgliedern der jüdischen Gemeinde in Bonn wird das handgezeichnete „Spiel" unter dem Namen „Jude-Ärgere-Dich-Nicht" von rechtsextremistischen Gruppen in Schulen und Discotheken in Umlauf gebracht und auch anonym durch die Post an zahlreiche jüdische Familien geschickt.

20. 6. 1983

Grundlos Türkenkind angefallen

Barbarische Tat auf einer Berliner Straße

1. 12. 1983

Anitjüdische Parolen in Heidelberg

5. 4. 1986

Aus fahrendem Auto auf Italiener geschossen

2. 1. 1987

Bluttat in Rudersberg

7. 3. 1983

Ausländerhaß als auslösendes Motiv

RUDERSBERG, Rems-Murr-Kreis. Ausländerfeindlichkeit war nach den Ermittlungen der Kriminalpolizei Waiblingen die Ursache dafür, daß es – wie berichtet – am Freitagabend gegen 23.15 Uhr in Rudersberg zwischen Jugendlichen aus dem Ort und drei Pakistanis zu einer blutigen Auseinandersetzung kam, in deren Verlauf ein 18jähriger Lehrling von einem der Ausländer mit einem Messerstich in die Herzgegend tödlich verletzt wurde. Mit der Begründung, daß der 24 Jahre alte Täter in Notwehr handelte, lehnte es der Haftrichter beim Amtsgericht Waiblingen ab, Haftbefehl gegen den Ausländer zu erlassen.

EIN ASYLANTENHEIM in Gronau bei Hildesheim ist am Dienstag zum vierten Male in zwei Monaten Ziel eines Brandanschlages gewesen. Das Feuer konnte gelöscht werden. (Reuter)

7. 1. 1987

Drohungen gegen Juden häufen sich

Frankfurt a. M. Juden werden nach Mitteilung der „Konferenz landeskirchlicher Arbeitskreise Christen und Juden" in der Bundesrepublik zunehmend angefeindet. Briefliche und telefonische Bedrohungen häufen sich, die jüdischen Gemeinden können ihre kulturellen oder gottesdienstlichen Veranstaltungen oft nur unter strengen Sicherheitsmaßnahmen durchführen, heißt es in einer in Berlin verabschiedeten Erklärung »Wir ermutigen die Glieder unserer Kirchen, offen für unsere jüdischen Mitbürger einzustehen und entschieden dazu beizutragen, daß Juden ohne Bedrohung mit uns leben können", schreibt die Konferenz weiter.

Evangelischer Presse Dienst 7/1983

Friedhof geschändet

EPPINGEN, Kreis Heilbronn (lsw). 50 Grabsteine sind auf dem jüdischen Friedhof der Stadt Eppingen umgestoßen und beschädigt worden. Nach Mitteilung der Polizei haben die noch unbekannten Täter die Grabschändung vermutlich am Wochenende verübt. Mehrere Grabstätten waren bis zu einem halben Meter tief aufgegraben worden.

6. 10. 1982

kalter Schauer"

Die Zeit vom

Aufgezeichnet von Giovanni di Lorenzo 11. 6. 1982

62 jüdische Grabsteine umgeworfen und zerstört

KARLSRUHE (lsw). 62 Grabsteine, zum Teil bis zu zwei Meter hoch, sind von bisher unbekannten Tätern auf dem jüdischen Friedhof zwischen Flehingen und Gochsheim im Landkreis Karlsruhe umgeworfen oder zerstört worden. Die Wiederherstellungskosten dürften bei 50 000 Mark liegen. Die Polizei hat noch keinerlei Hinweise auf die Täter. Wie der Vorsitzende des Zentralrats der Juden in Deutschland, Werner Nachmann aus Karlsruhe, erklärte, gebe dieser Vorfall Anlaß zum Nachdenken. Die politischen Parteien rief er auf, sich darüber Gedanken zu machen, wie man diesem unrühmlichen Treiben ein Ende bereiten kann. 2. 5. 1986

Angriff auf Wiesenthal 1. 12. 1983

Umfrage bestätigt Sorge über Antisemitismus nicht

HAMBURG (dpa). Die Sorge vor einem wachsenden Antisemitismus in der Bundesrepublik läßt sich nach einer Allensbach-Umfrage nicht bestätigen. Nach der im jüngsten „Stern" veröffentlichten Umfrage hat zwar noch immer ein erheblicher Teil der Bewohner der Bundesrepublik antijüdische Vorurteile, doch zeigen die Antworten auf die einzelnen Fragen, daß judenfeindliche Ressentiments, vor allem in der jungen Generation und auch unter dem Einfluß steigenden Bildungsniveaus, allmählich abnehmen. Eindeutig belegt die Umfrage, daß die Verbrechen der Nazizeit von jungen Menschen nicht als kollektive Schuld verstanden werden. 72 Prozent der Bevölkerung und auch 69 Prozent der jungen Generation sind der Ansicht, daß ein junger Deutscher, der nach 1945 geboren wurde, mit dem Dritten Reich und der Judenverfolgung nichts zu tun habe. 66 Prozent der Bevölkerung, auch 59 Prozent der jungen Menschen, teilen die Auffassung, daß heute, 40 Jahre nach Kriegsende, nicht mehr so viel über die Nazivergangenheit geredet werden und endlich ein Schlußstrich gezogen werden sollte. 10. 4. 1986

In Italien wächst der Antisemitismus 24. 9. 1982

Beschwerden über Rassismus in China

9. 1. 1987

Drei Skinheads zu Jugendstrafen verurteilt

Gericht: Feiges Vorgehen

Bis zu zweieinviertel Jahren Haft wegen gefährlicher Körperverletzung

Zu Jugendstrafen bis zu zweieinviertel Jahren hat gestern eine Jugendkammer des Stuttgarter Landgerichts drei Skinheads wegen gefährlicher Körperverletzung verurteilt. Das Gericht hatte sich vor allem mit einem Vorfall am Obertürkheimer Bahnhof zu befassen, bei dem ein 26jähriger Jugoslawe zusammengeschlagen worden war. Von einer „besonders feigen und unwürdigen Vorgehensweise" sprach die Kammer bei Tätern, die noch auf das bewußtlos und wehrlos am Boden liegende Opfer eingetreten hatten: Dies sei „wahrlich keine Heldentat von Leuten, die Deutschland so hochleben lassen".

12. 4. 1986

Übergriffe auf Gastarbeiter im Elsaß häufen sich

22. 11. 1983

Asylantenheim angezündet

112 Bewohner in andere Unterkünfte verlegt

2. 1. 1987

7 Martin Erbstösser: Bauernkreuzzug

Der Bauernkreuzzug entstand spontan. Peter, der Hauptinitiator, zog von Dorf zu Dorf, von Stadt zu Stadt, und seine Anhänger folgten ihm. Andere Prediger taten ein Gleiches. Insgesamt rechnet man nach allerdings unzuverlässigen Angaben der Chronisten mit etwa fünfzig- bis siebzigtausend Menschen, die sich an dem Bauernkreuzzug beteiligten. Es waren mehrere Haufen, die sich aus Mittel- und Ostfrankreich, den Niederlanden und dem Rheinland in Richtung Jerusalem in Bewegung setzten. Neben Bauern und Handwerkern nennen die Quellen Bettler, Diebe und Gauner als Teilnehmer. Hinzu kam als Führungskraft eine kleine Gruppe von Rittern. Zu den Anführern der Züge gehörten neben Peter von Amiens Walter Habenichts (Senzavohir), ein französischer Ritter, ein gewisser Gottschalk aus dem Rheinland, ein gewisser Volkmar und schließlich der Ritter Emicho von Leiningen, auf dessen üble räuberische Rolle noch eingegangen wird. Während Walter Habenichts und Peter von Amiens vor allem Franzosen anführten, vereinten die anderen vorwiegend Volk aus dem Rheinland, konnten dabei allerdings auf der agitatorischen Wirkung Peters aufbauen, der auch in den rheinischen Städten seine Kreuzzugspredigten gehalten hatte.

Mit dem Aufbruch der einzelnen Abteilungen verbanden sich die ersten großen Judenpogrome im mittelalterlichen Europa. In den aufblühenden europäischen Fernhandelsstädten hatten sich relativ große jüdische Gemeinden gebildet. Da sie von der handwerklichen Produktion ausgeschlossen waren, widmeten sich die Juden dem Orienthandel und befaßten sich außerdem mit Geldgeschäften, wobei sie das Verbot für Christen, Zinsen aus Geldverleih zu nehmen, ausnutzen konnten. Außerdem hatten sie sich durch ihre Kenntnisse und Fertigkeiten auf dem Gebiet der Medizin, die alles das, was in Europa bekannt war, beträchtlich übertrafen, in den jungen Städten einen Namen gemacht. Bürgerrechte besaßen die Juden nicht, wohl aber Ansehen und Wohlstand. Sie wohnten in abgesonderten Teilen der Städte, waren als Gemeinwesen auch auf geistig-religiösem Gebiet sehr rege. Fest mit ihrer Religion verbunden, hatte jede Gemeinde eine eigene Synagoge. Die einzelnen Gemeinden hielten untereinander enge Beziehungen. So war Metz im 11. Jahrhundert das geistige Zentrum aller Judengemeinden in den rheinischen und lothringischen Städten.

Beim Durchzug der einzelnen Abteilungen der Bauernzüge wurden fast alle Judengemeinden vor allem der rheinischen Städte auf das schwerste heimgesucht. Finanzielle Erpressungen, Plünderungen und schließlich Massenmorde waren die verabscheuungswürdigen Ergebnisse. Betroffen wurden in einer oder mehreren Formen des Terrors die jüdischen Gemeinden in Metz, Speyer, Worms, Mainz, Köln, Neuß, Xanten, Trier, außerdem sind eine Reihe von Verfolgungen auch für kleinere Orte nachweisbar. Im weiteren Verlauf hatten auch Bamberg und Prag zu leiden. Unklar sind die Überlieferungen für die französischen Städte. Mit Sicherheit wurden die Juden in Rouen finanziell erpreßt. Ansonsten schweigen die Quellen.

Die allgemeinen Gründe für die Judenverfolgungen ergaben sich bereits. Neuere Forschungen haben nachgewiesen, daß die Orientierung auf die Judenpogrome aus den Kreisen der Kirchenreformer erfolgte. Die Juden standen unter dem besonderen Schutz des Königs beziehungsweise der königlichen Stadtherren, das heißt, sie hatten dem König oder seinem Beauftragten eine relativ hohe Steuer zu zahlen. Die Kirchenreformer bestritten dieses Recht, um den König zu treffen. Damit wurden die Judengemeinden Objekt im Investiturstreit, und die Reformer scheuten sich nicht, den Volkszorn auf die „Mörder an Christus" zu lenken und den Haß zu schüren. Immer wieder hören wir von Predigern, die sehr geschickt gegen die Juden Stimmung machten. So in Rouen mit dem Tenor: „Wir haben einen langen Weg gegen die Feinde Gottes vor uns, aber vor uns stehen seine schlimmsten Widersacher, die Juden. Ist es da nicht voreilig, sie zu übersehen?" Ähnliches gilt für andere Städte. Unter diesem Aspekt scheint es auch nicht zufällig, daß Papst Urban II., obwohl er sich zur gleichen Zeit noch in Frankreich befand, von den Exzessen also sehr bald erfahren haben muß, sich nicht gegen diesen Terror aussprach. Damit wurden die entscheidenden Weichen gestellt. Diese neuen Ergebnisse sind insofern von ausschlaggebender Bedeutung, weil sie mit der Auffassung Schluß machten, das auf dem Kreuzzug befindliche Volk sei von Anfang an aus religiösen Erwägungen antijüdisch gewesen. Im Verlauf der Terror- und Plünderungsaktionen wirkten allerdings dann auch noch andere Faktoren verschärfend.

Die entscheidende Phase des Pogroms begann mit der Organisation der „deutschen Züge", und besonders die Gruppen um Emicho von Leiningen zeichneten sich durch bestialische Grausamkeit aus. Sehr plastisch sind uns die Ereignisse aus Mainz überliefert. Emicho belagerte die Stadt und forderte von den Juden eine Ablösungssumme gegen das Versprechen, ihr Leben zu schonen. Nachdem das erreicht wurde, organisierte er dennoch den Überfall. Der Erzbischof, übrigens ein Verwandter des Emicho, überließ die Juden, die sich in seinen Palast geflüchtet hatten, ihrem Schicksal. Der Kampf war aussichtslos. Zunächst wurden alle Ältesten erschlagen. Gleichzeitig begannen die Juden jetzt, sich selbst in ritueller Form zu töten. Zunächst die Kinder, Frauen töten ihre Söhne, Männer ihre Frauen, ein Nachbar den anderen. Nur wenige fielen in die Hände der Feinde. Sie wurden vor die Alternative Taufe oder Tod gestellt. Die Mainzer Juden lehnten die Taufe ab und wurden ermordet.

Im weiteren Verlauf des Pogroms gewann die Forderung nach der Taufe der Juden an Bedeutung. So überstanden zum Beispiel sowohl die Mitglieder der Trierer als auch der Bamberger Gemeinde die zweite Phase des Terrors physisch, weil sie sich taufen ließen; finanziell wurden sie allerdings schwer geschädigt. Das aus religiösem Fanatismus entstandene Bestreben, die Juden zwangsweise zu bekehren, resultierte aus der Ideologie des Kampfes gegen die Feinde Christi, gegen den Antichrist. Allerdings erscheint dies 1096 nur als lockere Begründung für die Habgier speziell der Führungskräfte um Emicho von Leiningen, von dem bekannt ist, daß für ihn die gezielte persönliche Bereicherung im Vordergrund stand. Eine Reihe Pogrome inszenierte er bewußt unter diesem Vorwand. Die angeheizte Stimmung war für ihn nur ein Mittel zum Zweck. Die Haltung des überwiegenden Teils der Juden, lieber den Märtyrertod als den Übertritt zum Christentum zu wählen, resultiert aus einem anderen geistigen Zusammenhang. In den europäischen Gemeinden hatte sich im 11. Jahrhundert die Auffassung verbreitet, daß die Ankunft des Messias unmittelbar bevorstehe, der die über Europa verstreuten Juden nach Palästina zurückführe. Die Judenverfolgungen galten als Vorzeichen dieses Ereignisses und ließen die Gemeinden fest in ihrem Glauben verharren. Übrigens wurde kurz nach den Pogromen die Zwangsbekehrung zum Christentum wieder rückgängig gemacht. Ein Teil der Überlebenden wanderte aus, nach Polen, Rußland und Byzanz. In einigen Städten erholten sich die Judengemeinden wieder, jedoch nur für kurze Zeit. Die Vorbereitung des 2. Kreuzzuges war im Rheinland wieder von Judenexzessen begleitet.

Aus: Martin Erbstösser, Die Kreuzzüge. Eine Kulturgeschichte

8 Wandschmiererei in Bonn 1985

Aus: Die ZEIT vom 3. Okt. 1986

9 Bild: Ecclesia und Synagoge vom Straßburger Münster

Aus: Fritz Baumgart, Geschichte der Abendländischen Plastik

10 Bild: Judensau

Bildarchiv Preussischer Kulturbesitz

11 Martin Stöhr „Wenn die Luft stickig wird"

Kaduk und Höss exekutierten brutal, was lange vorher vornehm gedacht, wissenschaftlich legitimiert, militärisch abgeschirmt, christlich verbrämt, juristisch gefaßt, gedankenlos hingenommen, literarisch formuliert und politisch vorangetrieben war. So entsteht ein Giftgemisch aus Unkenntnis, Vorurteilen und der Gewalt, hinab zu definieren, wer anders denkt, anders glaubt, anders lebt. Die Klischees gegen Juden verdanken sich einer Selektionslust, die sich selbst nicht der Wirklichkeit stellt, sondern denunziatorische Klischees vorführt: Der reiche Jude, das Volk der Christusmörder, der rassistische Zionismus. Den Juden in unserem Land wird die Luft zum Atmen stickig. Wer merkt es? Verschlägt es den Nichtjuden den Atem, wenn den Juden die Luft zum Atmen wegbleibt? Warum schweigen viele Bischöfe, Wissenschaftler und Parteivorsitzende? Deshalb wird die Arbeitsgemeinschaft „Juden und Christen" beim Deutschen Evangelischen Kirchentag nicht aufhören, die Frage zu stellen, welchen Anfängen heute zu wehren ist . . .

Aus: Edna Brocke, Martin Stöhr, Kraft des Erinnerns

12 „Ecclesia und Synagoge“ von Konrad Witz

13 Lied: Hinei matov

Ps 133,1: Siehe, wie fein und lieblich ist es, wenn Brüder einträchtig beieinander wohnen!

Aus: Ortwin Schweitzer, Karl Häberle, Die Fontäne

14 Elisabeth Langgässer: Saisonbeginn

Die Arbeiter kamen mit ihrem Schild und einem hölzernen Pfosten, auf den es genagelt werden sollte, zu dem Eingang der Ortschaft, die hoch in den Bergen an der letzten Paßkehre lag. Es war ein heißer Spätfrühlingstag, die Schneegrenze hatte sich schon hinauf zu den Gletscherwänden gezogen. Überall standen die Wiesen wieder in Saft und Kraft, die Wucherblume verschwendete sich, der Löwenzahn strotzte und blähte sein Haupt über den milchigen Stengeln; Trollblumen, welche wie eingefettet mit gelber Sahne waren, platzten vor Glück, und in strahlenden Tümpeln kleinblütiger Enziane spiegelte sich ein Himmel von unwahrscheinlichem Blau. Auch die Häuser und Gasthöfe waren wie neu: ihre Fensterläden frisch gestrichen, die Schindeldächer gut ausgebessert, die Scherenzäune ergänzt. Ein Atemzug noch: dann würden die Fremden, die Sommergäste kommen – die Lehrerinnen, die mutigen Sachsen, die Kinderreichen, die Alpinisten, aber vor allem die Autobesitzer in ihren großen Wagen ... Ford und Mercedes, Fiat und Opel, blitzend von Chrom und Glas. Das Geld würde anrollen. Alles war darauf vorbereitet. Ein Schild kam zum andern, die Haarnadelkurve zu dem Totenkopf, Kilometerschilder und Schilder für Fußgänger: Zwei Minuten zum Café Alpenrose.

An der Stelle, wo die Männer den Pfosten in die Erde einrammen wollten, stand ein Holzkreuz, über dem Kopf des Christus war auch ein Schild angebracht. Seine Inschrift war bis heute die gleiche, wie sie Pilatus entworfen hatte: J. N. R. J. – die Enttäuschung darüber, daß es im Grund hätte heißen sollen: er behauptet nur, dieser König zu sein, hatte im Lauf der Jahrhunderte an Heftigkeit eingebüßt. Die beiden Männer, welche den Pfosten, das Schild und die große Schaufel, um den Pfosten in die Erde zu graben, auf ihren Schultern trugen, setzten alles unter dem Wegekreuz ab; der dritte stellte den Werkzeugkasten, Hammer, Zange und Nägel daneben und spuckte ermunternd aus.

Nun beratschlagten die drei Männer, an welcher Stelle die Inschrift des Schildes am besten zur Geltung käme; sie sollte für alle, welche das Dorf auf dem breiten Paßweg betraten, besser: befuhren, als Blickfang dienen und nicht zu verfehlen sein. Man kam also überein, das Schild kurz vor dem Wegekreuz anzubringen, gewissermaßen als Gruß, den die Ortschaft jedem Fremden entgegenschickte. Leider stellte sich aber heraus, daß der Pfosten dann in den Pflasterbelag einer Tankstelle hätte gesetzt werden müssen – eine Sache, die sich von selbst verbot, da die Wagen, besonders die größeren, dann am Wenden behindert waren. Die Männer schleppten also den Pfosten noch ein Stück weiter hinaus bis zu der Gemeindewiese und wollten schon mit der Arbeit beginnen, als ihnen auffiel, daß diese Stelle bereits zu weit von dem Ortsschild entfernt war, das den Namen angab und die Gemeinde, zu welcher der Flecken gehörte. Wenn also das Dorf den Vorzug dieses Schildes und seiner Inschrift für sich beanspruchen wollte, mußte das Schild wieder näherrücken – am besten gerade dem Kreuz gegenüber, so daß Wagen und Fußgänger zwischen beiden hätten passieren müssen.

Dieser Vorschlag, von dem Mann mit den Nägeln und dem Hammer gemacht, fand Beifall. Die beiden anderen luden von neuem den Pfosten auf ihre Schultern und schleppten ihn vor das Kreuz. Nun sollte also das Schild mit der Inschrift zu dem Wegekreuz senkrecht stehen; doch zeigte es sich, daß die uralte Buche, welche gerade hier ihre Äste mit riesiger Spanne nach beiden Seiten wie eine Mantelmadonna ihren Umhang entfaltete, die Inschrift im Sommer verdeckt und ihr Schattenspiel deren Bedeutung verwischt, aber mindestens abgeschwächt hätte.

Es blieb daher nur noch die andere Seite neben dem Herrenkreuz, und da die erste, die in das Pflaster der Tankstelle überging, gewissermaßen den Platz des Schächers zur Linken bezeichnet hätte, wurde jetzt der Platz zur Rechten gewählt und endgültig beibehalten. Zwei Männer hoben die Erde aus, der dritte nagelte rasch das Schild mit wuchtigen Schlägen auf; dann stellten sie den Pfosten gemeinsam in die Grube und rammten ihn rings von allen Seiten mit größeren Feldsteinen an. Ihre Tätigkeit blieb nicht unbeachtet. Schulkinder machten sich gegenseitig die Ehre streitig, dabei zu helfen, den Hammer, die Nägel hinzureichen und passende Steine zu suchen, auch einige Frauen blieben stehen, um die Inschrift genau zu studieren. Zwei Nonnen, welche die Blumenvase zu Füßen des Kreuzes aufs neue füllten, blickten einander unsicher an, bevor sie weitergingen. Bei den Männern, die von der Holzarbeit oder vom Acker kamen, war die Wirkung verschieden: einige lachten, andere schüttelten nur den Kopf, ohne etwas zu sagen; die Mehrzahl blieb davon unberührt und gab weder Beifall, noch Ablehnung kund, sondern war gleichgültig, wie sich die Sache auch immer entwickeln würde. Im ganzen genommen konnten die Männer mit der Wirkung zufrieden sein. Der Pfosten, kerzengerade, trug das Schild mit der weithin sichtbaren Inschrift, die Nachmittagssonne glitt wie ein Finger über die zollgroßen Buchstaben hin und fuhr jeden einzelnen langsam nach wie den Richtspruch auf einer Tafel ...

Auch der sterbende Christus, dessen blasses, blutüberronnenes Haupt im Tod nach der rechten Seite geneigt war, schien sich mit letzter Kraft zu bemühen, die Inschrift aufzunehmen: man merkte, sie ging ihn gleichfalls an, welcher bisher von den Leuten als einer der ihren betrachtet und wohl gelitten war. Unerbittlich und dauerhaft wie sein Leiden würde sie ihm nun für lange Zeit schwarz auf weiß gegenüberstehen.

Als die Männer den Kreuzigungsort verließen und ihr Handwerkszeug wieder zusammenpackten, blickten alle drei noch einmal befriedigt zu dem Schild mit der Inschrift auf. Sie lautete: „In diesem Kurort sind Juden unerwünscht.«

Aus: Elisabeth Langgässer, Der Torso

Der Jude Jesus

15 Mittelalterliche Buchmalerei „Geburt Christi“

Beuroner Kunstverlag Nr. 4256

Beuroner Kunstverlag Nr. 4213

Martin Luther und die Juden

16 Der 1. kirchliche Text

. . . Darum will ich aus der Schrift erzählen die Ursachen, die mich bewegen zu glauben, daß Christus ein Jude sei von einer Jungfrau geboren, ob ich vielleicht auch von den Juden einige möchte zum Christenglauben reizen. Denn unsere Narren, die Päpste, Bischöfe, Sophisten und Mönche, die groben Eselsköpfe, sind bisher so mit den Juden verfahren, daß, wer ein guter Christ gewesen wäre, hätte wohl mögen ein Jude werden. Und wenn ich ein Jude gewesen wäre und hätte solche Tölpel und Grobiane gesehen den Christenglauben regieren und lehren, so wäre ich eher eine Sau geworden als ein Christ. Denn sie haben mit den Juden gehandelt, als wären es Hunde und nicht Menschen, haben nichts anderes kundgetan, als sie zu schelten und ihr Gut zu nehmen. Wenn man sie getauft hat, hat man keine christliche Lehre oder Leben an ihnen bewiesen, sondern nur der Päpsterei und Möncherei unterworfen . . . Ich hoffe, wenn man mit den Juden freundlich handelt und aus der heiligen Schrift sie säuberlich unterweist, so sollten von ihnen viele rechte Christen werden und wieder zu ihrer Väter, der Propheten und Patriarchen, Glauben treten, von dem sie nur weiter geschreckt werden, wenn man ihnen Dinge vorwirft und überhaupt nichts will gelten lassen und handelt nur mit Hochmut und Verachtung ihnen gegenüber. Wenn die Apostel, die auch Juden waren, so mit uns Heiden gehandelt hätten, wie wir Heiden mit den Juden, es wäre nie jemand Christ unter den Heiden geworden. Haben sie so brüderlich an uns Heiden gehandelt, so sollen wir wiederum brüderlich an den Juden handeln, ob wir nicht einige bekehren möchten, denn wir sind selbst noch nicht hinan geschweige denn hinüber. Und wenn wir uns gleich hoch rühmen, so sind wir dennoch Heiden und die Juden von dem Geblüt Christi, wir sind Schwäger und Fremdlinge, sie sind Blutsfreunde, Vettern und Brüder unseres Herrn . . .

17 Der 2. kirchliche Text

... Wir fluchen ihnen nicht, sondern wünschen ihnen alles Gute, leiblich und geistlich, herbergen sie bei uns, lassen sie mit uns essen und trinken, wir stehlen und zerstechen ihre Kinder nicht, vergiften ihr Wasser nicht, uns dürstet nicht nach ihrem Blut. Womit verdienen wir denn solchen grausamen Zorn, Neid und Haß dieser großen, heiligen Kinder Gottes? Es ist nicht anders als wie oben aus Mose angesagt, daß sie Gott mit Wahnsinn, Blindheit und rasendem Herzen geschlagen hat. Deshalb ist es auch unsere Schuld, daß wir das große unschuldige Blut, das sie an unserem Herrn und an den Christen dreihundert Jahre lang nach der Zerstörung Jerusalems und bis heute an Kindern vergossen haben (was heute noch aus ihren Augen und aus ihrer Haut scheint), nicht rächen, sie nicht totschlagen, sondern sie für all ihren Mord, Fluchen, Lästern, Lügen, Schänden frei bei uns sitzen lassen, ihre Schule, Häuser, Leib und Gut schützen und schirmen, womit wir sie faul und sicher machen und helfen, daß sie getrost unser Geld und Gut uns aussaugen, dazu uns verspotten, uns anspeien, ob sie nicht zuletzt unser mächtig werden könnten. ... Was wollen wir Christen nun tun mit diesem verworfenen, verdammten Volk der Juden? ... Ich will meinen treuen Rat geben. Erstens, daß man ihre Synagogen oder Schulen mit Feuer anstecke und, was nicht verbrennen will, mit Erde überhäufe und beschütte, daß kein Mensch einen Stein oder Schlacke davon sehe ewiglich. Und solches soll man tun unserem Herrn und der Christenheit zu Ehren ...

Zum anderen, daß man auch ihre Häuser dergleichen zerbreche und zerstöre, denn sie treiben eben dasselbe darinnen, was sie in ihren Schulen treiben. Dafür mag man sie etwa unter ein Dach oder Stall tun, wie die Zigeuner, damit sie wissen, sie sind nicht Herren in unserem Lande ...

Zum dritten, daß man ihnen nehme alle ihre Betbüchlein und Talmudisten, darin solche Abgötterei, Lügen, Fluchen und Lästerung gelehrt wird.

Zum vierten, daß man ihren Rabbinern bei Leib und Leben verbiete, hinfort zu lehren ...

Zum fünften, daß man den Juden das Geleit und die Straße ganz und gar aufhebe. Denn sie haben nichts auf dem Land zu schaffen, weil sie nicht Herren oder Amtleute oder Händler oder desgleichen sind. Sie sollen daheimbleiben ...

Zum sechsten, daß man ihnen den Wucher verbiete und nehme ihnen alle Barschaft und Kleinode an Silber und Gold und lege es beiseite, es zu verwahren. Und dies ist die Ursache: Alles, was sie haben (wie oben gesagt), haben sie uns gestohlen und geraubt durch ihren Wucher, weil sie sonst keinen anderen Nahrungserwerb haben ...

Zum siebenten, daß man den jungen, starken Juden und Jüdinnen in die Hand gebe Flegel, Axt, Hacke, Spaten, Rokken, Spindel und lasse sie ihr Brot verdienen im Schweiß der Nasen, wie Adams Kindern aufgelegt ist ...

18 Der Jude A. H. Friedlander schreibt an Luther (1985)

Der Prophet der früheren Zeit ist jetzt ein alter Mann, der die Obrigkeit zur Hilfe anruft. Und da kommen wir in die dunkelste Kammer des Lutherbaus: Es ist die Folterkammer, wie sie Luther in seinem „trewen rat“ an Christen und Obrigkeit einrichtet ...

Oben in der Burg gibt es die schönen Gesellschaftsräume, die Biobliothek, die Kapelle, wo meine Freunde den Humanisten, Poeten, Prediger und Familienvater besuchen. Was tue ich hier im tiefsten Keller, in der Folterkammer, die ich zu gut kenne ...

So sitzen wir uns gegenüber, da im dunklen Keller, und Bruder Martin kann mich gar nicht sehen. Was er sieht, ist eine Zerrfigur, eine höllische Maske. Und das tut mir weh. Nur vier Tage vor seinem Tod, in seiner letzten Predigt, zeigte er seine Furcht: „Und wenn sie uns könnten alle töten, so täten sie es gerne und tun's auch oft, sonderlich die sich für Ärzte ausgeben ... denn der Teufel hilft's doch zuletzt versiegeln.“

„Bekehre dich und ich will vergeben ... sonst kann ich dich nicht dulden oder leiden“, sagt er zur Gegnerfigur, die er nicht mehr verstehen kann.

Ach, Martin, so kann ich's nicht machen und will es nicht machen. Hier, im Dunklen, will ich nicht Abschied nehmen. Wir müssen nach oben gehen, wo du mich wieder als einen des Volkes Gottes erkennen kannst. Wir müssen in deiner Bibliothek sitzen, so daß ich mich an deinen großen Bibelarbeiten ergötzen und dir manchmal leise sagen kann, daß diese und jene Idee von dem jüdischen Gelehrten Raschi kommt, obgleich du es vom Nikolaus von Lyra gelernt hast. Und wir müssen zusammen unser gemeinsames Leid betrachten. Sind wir doch alle so fern von Gott, sind wir doch alle so nah zueinander.

Es ist nicht lange her, da besuchte ich ein Grab in Atlanta. Der neben mir stand, lehnte sich auf meinen Arm. „Endlich frei!“ hieß es auf dem Grabstein, und der Vater weinte. „Hier stehe ich, Martin Luther King, am Grabe meines Sohnes, Martin Luther King“, sagte er zu mir. „Weißt du, wer ich bin? Ich bin Abraham. Und da liegt der Isaak.“

Und da dachte ich an die Schrift „Daß Jesus Christus ein geborener Jude sei“ und an den festen Boden der Hebräischen Bibel, auf welchem die Christenheit besteht. Bruder Martin von Eisleben, du hast diesen Boden für das Christentum gerettet, auch wenn ich mit dir kämpfen muß, um meinen eigenen Platz zu behalten. Wir sind beide Kinder Abrahams und haben so viele Reichtümer als gemeinsames Erbtum in unser Leben hineingenommen, daß jeder Gedanke und jedes Wort eine Verbindung zwischen uns herstellt. Wir haben gemeinsam gelitten, auch in jüngster Zeit. Wir haben gemeinsame Hoffnungen für die Endzeit. Aber um eins muß ich dich bitten im Moment des Abschieds, weil ich weiß, daß dunkle und hoffnungslose Zeiten immer wieder kommen: Verschließ die Folterkammer! Laß sie nie wieder öffnen! Und lehre deine Nachkommen, daß es Zeiten gibt, wo die Mitmenschlichkeit die Dogmen besiegen muß. Denn wir sind Menschen und dürfen uns nicht Gottes Strafgericht aneignen. Wir sind Menschen und können einander lieben. Und möge Gott uns schützen und zusammenführen, jetzt und für alle Zeit.

Aus: Albert H. Friedlander, Martin Luther und wir Juden

19 Der Christ J. Seim antwortet A. H. Friedlander (1985)

Martin Luther könnte darauf antworten:

Ach, Albert Friedlander, daß du mich Bruder nennst nach 500 schrecklichen Jahren, das treibt mir die Scham ins Herz. Bruder Albert, du hast mich aus der Hoffnungslosigkeit gerufen, in die ich mich eingeschlossen hatte. Der teuflische Gestank aus den Verbrennungsöfen von Auschwitz, der zum Himmel stinkt, ist mir ins Gewissen gezogen. Jetzt weiß ich, nicht in dir steckt der Teufel, sondern in mir; mich hat er geritten, daß ich ein Feuer gelegt habe, das zu löschen mir die Kraft fehlte. Dem Teufel ich gefangen lag, im Tod war ich verloren, mein Sünd mich quälte Nacht und Tag, darin ich war geboren. Ich fiel auch immer tiefer drein, es war kein Guts am Leben mein, die Sünd hat mich besessen. Mir ist die schöne Gewißheit der Rechtfertigung mißraten in die Aburteilung deiner Brüder. Ach, Bruder Albert, es tut gut, daß du an meine eiserne Tür klopfst und mir das Wort gönnst; es tut gut, daß du, was ich glauben und sagen wollte, aufnimmst und mir nach allem zusagst: „Wir sind Brüder in der Bibel." Laß mich mit dir in der Schrift suchen; laß mich mit dir auch von deinen Lehrmeistern lernen; erzähle du mir aus der Schrift, daß ich endlich im Gesetz das Evangelium finde, das du darin längst kennst: Mach mich mit deinem Abraham, deinem Mose, deinem Hiob bekannt, daß ich besser lerne, wie Glauben und Hoffen, Tun und Leiden, Bekennen und Schweigen zusammengehören. Du sagst, es gebe Zeiten, „wo die Mitmenschlichkeit die Dogmen besiegen muß". Ich erschrecke, daß ich dir die Gottes-Sätze offenbar so gesagt habe, daß sie dir unmenschlich vorkommen mußten; ich möchte nach 500 Jahren versuchen, sie so auszusprechen, daß die Dogmen meine Unmenschlichkeit besiegen. Die Dogmen sagen mir: Gott ist da für uns, Jesus ist sein vollmächtiger Sprecher, und der Heilige Geist macht mir Gott und seinen Sprecher gegenwärtig. Das höre ich und glaube ich,, darum sage ich: Gott der Vater, Jesus Christus, Heilig Geist, der wohn bei uns und laßt uns nicht verderben, mach uns aller Sünden frei und helf uns selig sterben. Ach, Bruder Albert, ich bin auf so bange Weise froh und dankbar für deine Anrede. Willst du es wirklich auf auf dich nehmen, mir noch einmal gegenüberzusitzen und mit mir zu reden? Ich möchte es wohl, und mein Herr Jesus Christus will es gewiß. Gott gebe uns allen seine Gnade, Amen.

Aus: Jürgen Seim, Antwort an Albert Friedlander

20 Werner Keller: In der Enge des Ghettos

1776 proklamierten die Nordamerikanischen Staaten die „Unabhängigkeitserklärung" zugleich mit der Deklaration der Menschenrechte – zum ersten Male seit heidnisch-römischer Zeit wurde den Juden die Gleichberechtigung gewährt. Im selben Jahre 1776 mußte Mendelssohn, der „Sokrates von Berlin", am Stadttor zu Dresden, um überhaupt eingelassen zu werden, den für Juden bestimmten „Leibzoll" entrichten, festgesetzt in der Höhe – wie er selbst es schilderte – wie für „einen polnischen Ochsen".

War drüben in der Neuen Welt die befreiende Entscheidung gefallen – wie rückschrittlich sah es in der Alten Welt noch aus! Noch immer hatte für die Juden die Neuzeit nicht begonnen. Mitten in Europa, das sich der Aufklärung rühmte und die Vernunft auf ihren Thron erhoben hatte, schienen Jahrhunderte stillgestanden zu sein: Düsteren Relikten der Vergangenheit gleich ragten vielerorts unverändert noch immer die mauerumschlossenen Ghettos auf.

Hartnäckig widerstand allem Wandel der Zeiten die Ghetto-Ordnung in der Freien Reichsstadt Frankfurt am Main. Die christliche Obrigkeit lehnte jede Änderung, jede geringste Erleichterung strikt ab. Eingezwängt inmitten wohlhabender Patrizierhäuser, Bürgern und fremden Besuchern tagtäglich vor Augen, hauste – auf obrigkeitlichen Befehl – das Mittelalter!

„Stellen Sie sich eine lange Straße vor", schrieb ein Augenzeuge 1795, „welche ... von Häusern eingeschlossen ist, die fünf bis sechs Etagen hoch sind. Denken Sie sich diese Häuser mit Hinterhäusern und diese nochmals mit Hinterhäusern, die kaum so viel Hofraum haben, daß das Tageslicht hineinfallen kann. Alle Winkel, bis an das Dach hinauf, voll enger Stuben und Kammern, in diesen zehntausend Menschen zusammengeschichtet, welche sich glücklich schätzen, wenn sie ihre Höhlen verlassen und auf ihrer schmutzigen und feuchten Straße Luft schöpfen können ... so haben Sie ungefähr einen anschauenden Begriff von der Judengasse. Die Plätze vor den Häusern sind des Tages über mit allen männlichen und weiblichen Hantierungen besetzt, denn in den Wohnungen waren diese elenden Menschen nicht imstande zu arbeiten."

Spott und Verachtung begegneten ihnen, sobald sie das Tor verlassen hatten. Niemand fand etwas dabei, sie öffentlich zu demütigen. „Ging ein Jude über die Straße", schreibt Ludwig Börne, der im Frankfurter Ghetto 1785 zur Welt kam, „und ein Christ rief ihm zu: Mach Mores, Jud'! – so mußte er seinen Hut abziehen." „Durch die höfliche Aufmerksamkeit", setzt Börne sarkastisch hinzu, „sollte die Liebe zwischen beiden Religionsparteien befestigt werden." Diese Demütigung war überall in Deutschland gang und gäbe.

Jedermann mußten die blassen Gesichter, das kränkliche Aussehen der Ghettoinsassen auffallen, ihr scheuer Blick, die gebeugte Haltung, die ärmliche Kleidung. Eingesperrt in einen engen, dumpfen Bezirk, ausgeschlossen von Handel und Wandel, von Gesellschaft und geistigem Leben, führten sie ein trauriges, menschenunwürdiges Dasein.

Aus: Werner Keller, Und wurden zerstreut unter alle Völker

21 Zwei antisemitische Postkarten Aus: Wilhelm Stöckle, Deutsche Ansichten

22 Drei Bilddokumente aus der Frühzeit des Dritten Reiches

Deutsche Presse-Agentur, Frankfurt

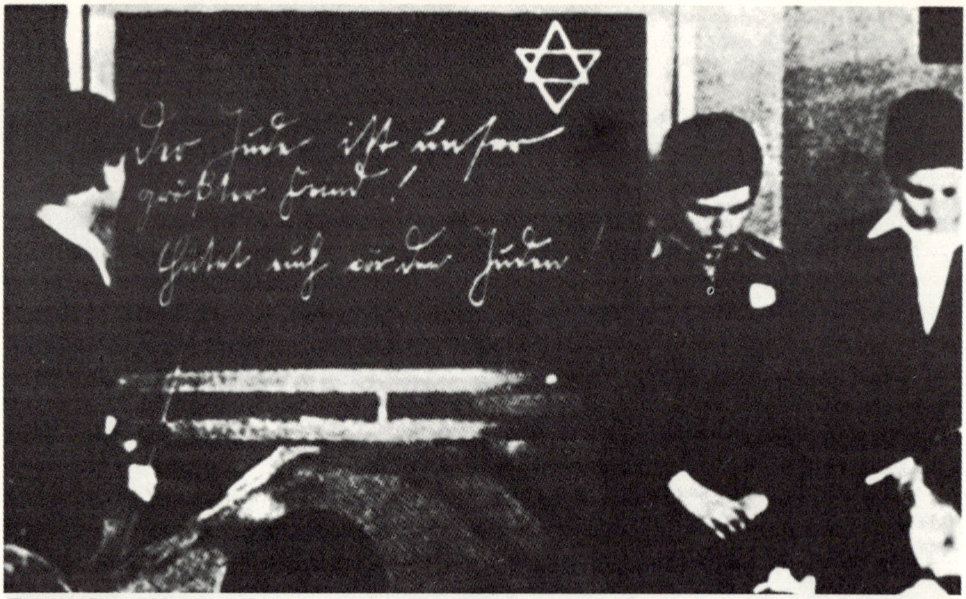

Fotografie. 1933. ▲

▼ Keystone, München

23 Horst Lange: Was ich nie vergessen werde

Ich werde den neunzehnjährigen SS-Mann nicht vergessen, im Reserve-Kriegslazarett zu Lublin, wie er, die Stille nicht ertragend, in seinem Bett lag, mit unruhigen Händen über die karierte Decke fahrend, und wie er das Eiserne Kreuz [Kriegsauszeichnung] bald von sich wegschob, bald wieder hastig an sich nahm, als könnte es ihm gestohlen werden, und zuerst noch plappernd, dann aber immer deutlicher und klarer werdend, Geschichten erzählte, denen niemand zuhörte und die von Erschießungen handelten; wie er mitunter, in schlechtem Gewissen verstohlen um sich blickend, halblaut flüsterte und dann wieder dringlicher wurde und seine Stimme erhob; und wie es zuletzt eine einzige Geschichte war, die er unablässig wiederholte, im Bett hochfahrend, auf den Fluren hin und her gehend, jeden mit dieser Geschichte überfallend wie aus dem Hinterhalt seines zunehmenden Wahnsinns, mit der Geschichte gleichsam um sich schlagend, einem Tobsüchtigen vergleichbar, der nicht mehr fähig ist, sich zu beherrschen, und auf alle eindringt, die ihm in den Weg laufen, so lange, bis seine Kräfte ihn verlassen haben und er zusammensackt, um nicht mehr hochzukommen; wie er diese Geschichte immer wieder damit begann, daß er an jenem Tage in Rußland, in Borissow oder bei Minsk, schon 600 Juden erschossen hatte, er, er allein, mit seiner Maschinenpistole hinter der gesichtslosen Reihe entlanggehend, die am Rande der tiefen Grube kniete; und wie dann seine Stimme plötzlich schrill wurde und zerbarst, als er schilderte, daß eine, die da kniete, sich noch einmal umdrehte und ihr Gesicht ihm hinwandte, das kalkweiße Gesicht einer jungen Frau mit dunklen Augen; und wie dann der Satz wiederkehrte, bei dem er jedesmal, wenn er ihn aussprach, ein wenig tiefer in der Finsternis versank, ein einfacher Satz von wenigen Worten, aber er wog schwer genug: „. . . und da sah ich, daß das ein Mensch war . . .“; immer wieder diese neun Worte, die ihn nach unten zogen, mitten in die tiefste Nacht hinein . . .

Aus: Horst Lange, Was ich nie vergessen werde

24

Faksimile

Gesetz zum Schutze des deutschen Blutes und der deutschen Ehre.

Vom 15. September 1935.

Durchdrungen von der Erkenntnis, daß die Reinheit des deutschen Blutes die Voraussetzung für den Fortbestand des Deutschen Volkes ist, und beseelt von dem unbeugsamen Willen, die Deutsche Nation für alle Zukunft zu sichern, hat der Reichstag einstimmig das folgende Gesetz beschlossen, das hiermit verkündet wird:

§ 1

(1) Eheschließungen zwischen Juden und Staatsangehörigen deutschen oder artverwandten Blutes sind verboten. Trotzdem geschlossene Ehen sind nichtig, auch wenn sie zur Umgehung dieses Gesetzes im Ausland geschlossen sind.

(2) Die Nichtigkeitsklage kann nur der Staatsanwalt erheben.

§ 2

Außerehelicher Verkehr zwischen Juden und Staatsangehörigen deutschen oder artverwandten Blutes ist verboten.

§ 3

Juden dürfen weibliche Staatsangehörige deutschen oder artverwandten Blutes unter 45 Jahren in ihrem Haushalt nicht beschäftigen.

§ 4

(1) Juden ist das Hissen der Reichs- und Nationalflagge und das Zeigen der Reichsfarben verboten.

(2) Dagegen ist ihnen das Zeigen der jüdischen Farben gestattet. Die Ausübung dieser Befugnis steht unter staatlichem Schutz.

§ 5

(1) Wer dem Verbot des § 1 zuwiderhandelt, wird mit Zuchthaus bestraft.

(2) Der Mann, der dem Verbot des § 2 zuwiderhandelt, wird mit Gefängnis oder mit Zuchthaus bestraft.

(3) Wer den Bestimmungen der §§ 3 oder 4 zuwiderhandelt, wird mit Gefängnis bis zu einem Jahr und mit Geldstrafe oder mit einer dieser Strafen bestraft.

§ 6

Der Reichsminister des Innern erläßt im Einvernehmen mit dem Stellvertreter des Führers und dem Reichsminister der Justiz die zur Durchführung und Ergänzung des Gesetzes erforderlichen Rechts- und Verwaltungsvorschriften.

§ 7

Das Gesetz tritt am Tage nach der Verkündung, § 3 jedoch erst am 1. Januar 1936 in Kraft.

Nürnberg, den 15. September 1935,
am Reichsparteitag der Freiheit.

Der Führer und Reichskanzler
Adolf Hitler

Der Reichsminister des Innern
Frick

Der Reichsminister der Justiz
Dr. Gürtner

Der Stellvertreter des Führers
R. Heß
Reichsminister ohne Geschäftsbereich

Das Reichsgesetzblatt erscheint in zwei gesonderten Teilen — Teil I und Teil II —.
Fortlaufender Bezug nur durch die **Postanstalten.** Bezugspreis vierteljährlich für Teil I = 1,75 RM, für Teil II = 2,10 RM.
Einzelbezug jeder (auch jeder älteren) Nummer nur vom **Reichsverlagsamt,** Berlin NW 40, Scharnhorststraße Nr. 4 (Fernsprecher: D 2 Weidendamm 9265 — Postscheckkonto: Berlin 96200). Einzelnummern werden nach dem Umfang berechnet.
Preis für den achtseitigen Bogen 15 Rpf, aus abgelaufenen Jahrgängen 10 Rpf, ausschließlich der Postdrucksachengebühr.
Bei größeren Bestellungen 10 bis 60 v. H. Preisermäßigung.
Herausgegeben vom Reichsministerium des Innern. — Gedruckt in der Reichsdruckerei, Berlin.

Christen und Juden in schwerer Zeit: Die Kristallnacht

25 Brennende Synagoge in Berlin 1938

Kongreß-Verlag
Berlin

26 Bußtagspredigt I

gehalten von Pfarrer J. von Jan am 16. 11. 1938 in Oberlenningen bei Kirchheim/Teck

Text: Jeremia 22, Vers 29:
„O Land, Land, Land, höre des Herrn Wort!“
(Gelesen wurde als Schriftlesung das ganze Kapitel Jeremia 22.)

Liebe Gemeinde!

Der Prophet ruft: O Land, Land. Land, höre des Herrn Wort!

... In diesen Tagen geht durch unser Volk ein Fragen: Wo ist in Deutschland der Prophet, der in des Königs Haus geschickt wird, um des Herrn Wort zu sagen? Wo ist der Mann, der im Namen Gottes und der Gerechtigkeit ruft, wie Jeremia gerufen hat: Haltet Recht und Gerechtigkeit, errettet den Beraubten von des Frevlers Hand! Schindet nicht Fremdlinge, Waisen und Witwen, tut niemand Gewalt und vergießet nicht unschuldig Blut!
Gott hat solche Männer gesandt. Sie sind heute entweder im Konzentrationslager oder mundtot gemacht. Die aber, die in der Fürsten Häuser kommen und dort heilige Handlungen vollziehen können, sind Lügenprediger wie die nationalen Schwärmer zu Jeremias Zeiten und können nur Heil und Sieg rufen, aber nicht des Herrn Wort verkündigen. – Die Männer der „Vorläufigen Kirchenleitung“, von denen die Zeitungen in den letzten Wochen berichteten, haben in einer Gottesdienstordnung das Gebot des Herrn klar ausgesprochen und sich wegen der erschreckenden Mißachtung der göttlichen Gebote durch unser Volk vor Gott gebeugt für Kirche und Volk. Jedermann weiß, wie sie dafür als Volksschädlinge angeprangert und außer Gehalt gesetzt worden sind, und schmerzlicherweise haben es unsere Bischöfe nicht als ihre Pflicht angesehen, sich auf die Seite derer zu stellen, die des Herrn Wort gesagt haben. Wenn nun die einen schweigen müssen und die andern nicht reden wollen, dann haben wir heute wahrlich allen Grund, einen Bußtag zu halten, einen Tag der Trauer über unsere und des Volkes Sünden. Ein Verbrechen ist geschehen in Paris! Der Mörder wird seine gerechte Strafe empfangen, weil er das göttliche Gesetz übertreten hat. Wir trauern mit unserem Volk über das Opfer dieser verbrecherischen Tat. Aber wer hätte gedacht, daß dieses eine Verbrechen in Paris bei uns in Deutschland so viele Verbrechen zur Folge haben könnte? Hier haben wir die Quittung bekommen auf den großen Abfall von Gott und Christus, auf das organisierte Antichristentum. Die Leidenschaften sind entfesselt, die Gebote Gottes mißachtet, Gotteshäuser, die andern heilig waren, sind ungestraft niedergebrannt worden, das Eigentum der Fremden geraubt oder zerstört. Männer, die unserem deutschen Volk treu gedient haben und ihre Pflicht gewissenhaft erfüllt haben, wurden ins Konzentrationslager geworfen, bloß weil sie einer andern Rasse angehörten.
Mag das Unrecht auch von oben nicht zugegeben werden – das gesunde Volksempfinden fühlt es deutlich, auch wo man nicht darüber zu sprechen wagt.
Und wir als Christen sehen, wie dieses Unrecht unser Volk vor Gott belastet und seine Strafen über Deutschland herbeiziehen muß. Denn es steht geschrieben: „Irret euch nicht, Gott läßt seiner nicht spotten! Was der Mensch sät, das wird er auch ernten!“ – Ja, es ist eine entsetzliche Saat des Hasses, die jetzt wieder ausgesät worden ist. Welch entsetzliche Ernte wird darauf erwachsen, wenn Gott unserem Volk und uns nicht Gnade schenkt zu

aufrichtiger Buße! ... Und wenn wir heute mit unserem Volk in der Buße vor Gott gestanden sind, so war dieses Bekennen der Schuld, von der man nicht sprechen zu dürfen glaubte, wenigstens für mich auch heute wie das Abwerfen einer großen Last.

Gott Lob! Es ist herausgesprochen vor Gott und in Gottes Namen. Nun mag die Welt mit uns tun, was sie will! Wir stehen in unseres Herren Hand. Gott ist getreu! Du aber, o Land, Land, Land, höre des Herrn Wort!

Amen.

Nach dem Predigtmanuskript, das sich im Besitz von Dekan R. Pfisterer befindet

27 Bußtagspredigt II

In Dahlem begann Helmut Gollwitzer seine Bußtagspredigt am 16. November 1938, nach der Pogromnacht, mit den Worten: „Wer soll denn heute noch predigen? Wer soll denn heute noch Buße predigen? Ist uns nicht allen der Mund gestopft an diesem Tage? Können wir heute noch etwas anderes, als nur schweigen? Was hat nun uns und unserem Volk und unserer Kirche all das Predigen und Predigthören genützt die ganzen Jahre und Jahrhunderte lang, als daß wir nun da angelangt sind, wo wir heute stehen, als daß wir heute haben so hereinkommen müssen, wie wir hereingekommen sind? Was muten wir Gott zu, wenn wir jetzt zu ihm kommen und singen und Bibel lesen, beten, predigen, unsere Sünde bekennen, so, als sei damit zu rechnen, daß er noch da ist und nicht ein leerer Religionsbetrieb abläuft! Ekeln muß es ihn doch vor unserer Dreistigkeit und Vermessenheit. Warum schweigen wir nicht wenigstens? Ja, es wäre vielleicht das Richtigste, wir säßen heute hier nur schweigend eine Stunde lang zusammen, wir würden nicht singen, nicht beten, nicht reden, nur uns schweigend darauf vorbereiten, daß wir dann, wenn die Strafen Gottes, in denen wir ja schon mitten drin stehen, offenbar und sichtbar werden, nicht schreiend und hadernd herumlaufen: Wie kann Gott so etwas zulassen? – ach, wieviele von uns werden's dann ja tun und in ihrer Blindheit keinen Zusammenhang sehen zwischen dem, was Gott zuläßt, und dem, was wir getan und gelassen haben."

Aus: Friedrich-Wilhelm Marquart / Albert Friedlander, Das Schweigen der Christen und die Menschlichkeit Gottes

28 Reinhold Schneider: Verurteilungen

Am Tage des Synagogensturmes hätte die Kirche schwesterlich neben der Synagoge erscheinen müssen. Es ist entscheidend, daß das nicht geschah. Aber was tat ich selbst: Als ich von den Bränden, Plünderungen, Greueln hörte, verschloß ich mich in meinem Arbeitszimmer, zu feige, um mich dem Geschehenden zu stellen und etwas zu sagen. Jochen Klepper hat die Enttäuschung nie verwunden, daß die Kirche als Kirche zu den Freveln am Tempel geschwiegen hat. Das Leben in Deutschland wurde unerträglich. Dankbar folgte ich im Dezember einer Einladung nach Paris. Das war schmähliche Flucht.

Aus: Reinhold Schneider, Verhüllter Tag

29 Liedtext: Kristallnaach

kommt vor etwas
1. Et kütt vüür, dat ich mein, dat jet klirrt,
dat sich irjendjet en mich verirrt,
nicht mal laut
e Jeräusch, nit ens laut
manchmol klirrt et vertraut
selden su, dat mer't direk durchschaut
Man wird
Mer weed wach, rief die Aure un sieht
en 'nem Bild zweschen Brueghel un Bosch
keinen um was gibt
kei Minsch, dä öm Sirene jet jitt
kostet
weil Entwarnung nur half su vill koss
riecht
et 'rüsch noh Kristallnaach

2. En der Ruhe vür'm Sturm, wat ess dat?
Janz klammheimlich verlööß wer die Stadt.
Honoratioren incognito
hasten vorbei,
nicht gerne
offiziell sinn die nit jähn dobei,
wenn die Volksseele – allzeit bereit
Richtung Siedepunkt wütet un schreit
„Heil – Halali" un grenzenlos geil
noch Vergeltung brüllt, zitternd vor Neid
in der Kristallnaach

stört
3. Doch die alles wat anders ess stühnt,
mit dem gehört
die mem Strom schwemme, wie't sich jehührt,
für die Schwule Verbrecher sinn,
Ausländer Aussatz sinn
brauchen jemanden
bruchen jer, der se verführt.
Un dann rettet kein Kavallerie,
darum
keine Zorro kömmert sich dodromm.
Schnee
Dä piss höchstens e „Z" en der Schnie
un fällt lallend vüür Lässigkeit öm:
„Na un? – Kristallnaach!"

4. En der Kirch met dä Franz-Kafka-Uhr,
drauf
ohne Zeiger, met Strich drop nur
liest ein einem
ließ ne Blinde nem Taube
Strubbelpeter vüür
hinter Tür
hinger dreifach verriejelter Düür
mit dem
Un dä Wächter mem Schlüsselbund hällt
Ernst sowas ein
sich em Ähnz für jet wie e Jenie,
weil'er Auswege pulverisiert
gegen
un verkäuf jäjen Klaustrophobie
en der Kristallnaach.

Marktplatz
5. Währenddessen, am Maatplatz vielleich,
heute mit einem wahren Gesicht
unmaskiert, hück mem wohre Jeseech,
schleift das Messer
sammelt Stein, schlief et Mezz,
auf denunziert
op die, die schon verpezz
den Gericht
probt dä Lynch-Mob für't jüngste Jereech.
zum Laden
Un zem Laade nur flüchtig verträut
stehen unter
– die Galeeren stonn längs unger Dampf –
wird gewartet
weet em Hafen op Sklaven jewaat,
auf den
op dä Schrott uss dämm ungleiche Kampf
uss der Kristallnaach

6. Do, wo Darwin für alles herhällt,
man vertreibt
ob mer Minsche verdriev oder quält.
hinter Geld
do, wo hinger Macht Jeld ess,
wo stark sinn die Welt ess,
strammstehen
vun Kusche un Strammstonn entstellt
auf dem sogar
Wo mer Hymnen om Kamm sujar blöößß,
nach
en barbarischer Gier noh Profit
ruft
„Hosianna" un „Kreuzigt ihn" rööf,
wenn man
wemmer irjend ne Vorteil drin sieht
ess täglich Kristallnaach

Text: Wolfgang Niedecken, BAP

30 Jacob Fröhlich: Dunkle Erinnerungen an die Nazizeit

Jacob (Heinz) Fröhlich, geboren in Wiesenbronn am 15. Juli 1926

Von 1933 bis Juni 1938 besuchte ich als einziges Judenkind die örtliche Volksschule in Wiesenbronn. Bis zur Vollendung des 4. Schuljahres war dies eine Selbstverständlichkeit. Mutter und Großmutter und wahrscheinlich auch alle Vorahnen, welche seit Generationen in Wiesenbronn lebten, hatten dieselbe Schule besucht und mit ihren christlichen Schulkameraden auf dem Schulhof gespielt.

Vom Religionsunterricht war ich befreit, ebenso vom „Deutschen Gruß". Am Samstag (Schabath) besuchte ich den Unterricht und hörte zu, vom Schreiben war ich befreit. Nach Abschluß der 4. Klasse sollte ich eigentlich in eine Mittelschule kommen. Die nahegelegene Realschule im Bezirksstädtchen Kitzingen a. M. verweigerte im Jahr 1937/38 die Aufnahme von Judenkindern. Jüdische Realschulen gab es nur in den Großstädten. Diese waren weit entfernt. Meinen Eltern fiel es schwer, mich – als einziges Kind – 11 Jahre alt, in die Ferne zu schikken, zumal sie damals bereits der Gedanke der eventuellen Auswanderung beschäftigte.

Im Juni 1938 wurde ich aus der Volksschule in Wiesenbronn ausgewiesen. Meine Eltern wurden zum Schulleiter bestellt und bekamen kurz mitgeteilt, daß ich kurzfristig die Schule zu verlassen habe.

Die nächste jüdische Volksschule war in Würzburg. Die einzelnen Klassen waren in dieser Schule im Jahre 1938 bereits sehr zusammengeschmolzen, nachdem viele Schüler mit ihren Eltern bereits ausgewandert waren. Die Lücken auf den leeren Schulbänken wurden jedoch von neuen Schülern ausgefüllt, welche unter denselben Umständen wie ich von den ländlichen Schulen in die Stadt kamen.

Würzburg ist von Wiesenbronn rund 30 km entfernt, die Verbindung war schlecht, so mußte für mich dort bei einer jüdischen Familie mit koscherem Haushalt eine Unterkunft gesucht werden. Diese fand sich bei der Familie Ansbacher. Zusätzlich fand ich in diesem Haus eine warme und streng religiöse Atmosphäre. Ich lebte mich rasch ein und fühlte mich wohl bei meinen Gastgebern.

Der 9. November 1938 und die folgenden Ereignisse überraschten mich vollkommen. Von den Ereignissen in Paris bzw. dem Attentat auf den dortigen deutschen Botschaftsrat wußte ich nicht das Geringste.

Gegen Mitternacht vom 9. zum 10. November wurden wir durch heftiges Klopfen an der Wohnungstür ganz plötzlich aus dem Schlaf gerissen. Drei Männer, zwei von ihnen uniformiert, drangen in die Wohnung cin. Ohne viele Erklärungen wurde die ganze Wohnung durchwühlt. Die volljährigen Männer: Vater Ansbacher, sein 18jähriger Sohn (damals Seminarist) und ein schwerbehinderter alter Mann, wurden verhaftet. Letzterer war taubstumm und durch die Unruhe im Haus vollkommen verstört. Dies hinderte die Eindringlinge nicht, ihm gegenüber sich besonders grob zu benehmen. Über sein Gebrechen machten sie sich lustig. Die Männer wurden abgeführt. So verblieben wir drei Jungens im Alter von 12 Jahren mit Mutter Ansbacher allein in der Wohnung.

Die Aufregung ließ uns nicht schlafen. Wir versammelten uns im Wohnzimmer

neben der Thorarolle, die dort aufbewahrt war, und lasen Tehillim (Psalmen). Hier fühlten wir uns geborgen und hofften, von weiterem Bösen verschont zu bleiben.
In den frühen Morgenstunden erfuhren wir, daß die Synagoge und die Schule zerstört waren und daß vorerst kein Unterricht stattfinden könne. Obwohl alle Anwesenden abrieten, entschloß ich mich, auf schnellstem Weg nach Hause zu meinen Eltern zu kommen. Ich verließ das Haus und erreichte den Bahnhof. Unterwegs – überall eingeschlagene Schaufenster und ausgeplünderte Geschäfte. Ich konnte gar nicht fassen, daß es so viele jüdische Läden in der Stadt gab.
Mit dem Eilzug erreichte ich das Bezirksstädtchen Kitzingen. Dort konnte ich nach kurzem Aufenthalt in den Personenzug nach Kleinlangheim umsteigen. Ich suchte mir eine stille Ecke in einem der Wagen des Zuges. Die Stille konnte ich nur einige Minuten genießen. Plötzlich scharte sich um mich eine Gruppe von ungefähr 15 Schülern, die mich als Judenkind erkannten und sich wie eine Horde wilder Tiere auf ihre Beute stürzten.
Es waren Schüler der örtlichen Realschule, welche anläßlich der Ereignisse an diesem Tag vom Unterricht befreit waren. Wahrscheinlich haben ihnen ihre Lehrer auch bestimmte Aufträge und Pflichten auferlegt. So war ihnen als erstes das Durchsuchen meines Schulranzens geboten. Dabei fanden sie mehrere Bücher und Hefte mit hebräischen Schriftzeichen, die sie teils zerrissen und danach durchs Fenster ins Freie warfen.
Daraufhin versuchten diese Burschen, sie waren einige Jahre älter als ich, mich auf die offene Plattform des Waggons zu zerren und drohten, mich „über Bord" zu werfen. Ich widersetzte mich diesem Vorhaben mit Erfolg, bis schließlich ein Schaffner erschien, der die Jungen zurechtwies und damit für Ordnung sorgte.
So erreichte ich unversehrt Kleinlangheim, die Bahnstation von Wiesenbronn. Das Dorf zu durchqueren getraute ich mich nicht. Ich bevorzugte einen Feldweg am Rande des Dorfes. Hier war es ruhig. Über der dortigen Synagoge lag eine dunkle Rauchwolke. Ein Bauer, der gerade auf seinem Acker Rüben erntete, erzählte mir, daß die Synagoge und mehrere Judenhäuser zerstört worden seien. Gleichzeitig gab er mir den guten Rat, so schnell wie möglich mein Elternhaus zu erreichen.
Nachdem ich das Dorf umgangen hatte, kehrte ich auf die Landstraße zurück, welche die beiden Dörfer verbindet. Nach etwa 1,5 km auf dem Sträßchen in Richtung Wiesenbronn sah ich in der Ferne unseren kurz davor gekauften Opel P 4 erscheinen. Ich, völlig überrascht, jauchzte vor Freude, in der Meinung, hier komme der Vater, um mich von der Bahn abzuholen. Das Auto näherte sich und damit die große Enttäuschung – vielleicht die größte meines Lebens. Am Steuer saß nicht der ersehnte Vater, sondern ein schwarz uniformierter SS-Mann; neben ihm noch zwei Kollegen. Wie ich nachträglich erfuhr, war der Wagen in den frühen Morgenstunden dieses Tages beschlagnahmt und zum Abtransport von jüdischen Männern ins Gefängnis benützt worden. Als

erster war mein Vater selbst verhaftet worden.
Nun drängte es mich noch mehr, so schnell wie nur möglich das Elternhaus zu erreichen. Nach zehnminütigem Dauerlauf fiel ich in die Arme meiner Mutter. Sie hatte mich bereits erwartet.
Im Haus war auch der 82jährige Großvater verblieben. Nachdem in der Nazizeit einige Familien ausgewandert bzw. weggezogen waren, gab es im Dorf damals nur noch drei jüdische Familien. Die Familienväter waren bereits verhaftet. So verblieben ich und mein Großvater als einzige „Männer" in der jüdischen Gemeinde.
Der Großvater war alt und gebrechlich. So wurde es meine Aufgabe, gemäß dem bekannten Spruch aus den Sprüchen der Väter: „Wo kein Mann ist, sei du der Mann!" Gerne übernahm ich diese aus der Not entstandene Pflicht, machte alle Besorgungen und sorgte für den Kontakt zwischen den Familien. Ich bewegte mich flink auf schmalen Pfaden zwischen den einzelnen Bauernhöfen. Die Hauptstraße habe ich gemieden.
Am späten Nachmittag erschienen gruppenweise Horden von SA- und SS-Leuten aus den Nachbardörfern. Sie sollten ihrem Groll und Haß Ausdruck geben und dabei die Synagoge und anderen jüdischen Besitz vernichten. Zu ihrer großen Enttäuschung waren damals fast alle jüdischen Anwesen bereits an Arier verkauft. Die neuen Besitzer sorgten dafür, daß an ihrem Eigentum kein Schaden angerichtet wurde. So richtete sich die ganze Aktion gegen ein Haus, das noch in jüdischem Besitz war. Hier wurden Fenster und Türen eingeschlagen und ein Teil des Hausrats durch die Fenster auf die Straße geworfen. Dieses Haus lag meinem Elternhaus gegenüber. Wir konnten das Treiben derer, die sich wie Vandalen gebärdeten, gut beobachten.
Unser Haus blieb unversehrt, da es – wie bereits erwähnt – verkauft war. Trotzdem konnte der Besitzer mehreren Eindringlingen das Betreten des Hauses nicht verwehren. Unter dem Vorwand, es wäre ihre Pflicht, die Wohnung zu durchsuchen, wurde der ganze Hausrat aufgestöbert und durchwühlt. Viele Wertgegenstände sind bei dieser Haussuchung abhanden gekommen.
So verging der 10. November 1938. Am nächsten Abend gab es noch ein Nachspiel. Unser jüdischer Nachbar K. wurde, wahrscheinlich aus Gesundheits- oder Altersgründen, aus der Haft entlassen und kam am späten Nachmittag zurück. Mit dieser Tatsache wollten sich die Raudis, welche sich im Dorf noch herumtrieben, nicht abfinden. Sie waren anscheinend unbefriedigt geblieben; ihre bösen Triebe und ihr Zorn mußten noch gelöscht werden. Wiederholt versuchten sie, das Haus zu stürmen, um den Nachbarn zu fassen und entsprechend zu behandeln. Dies gelang ihnen jedoch nicht. Der Nachbar hatte die Türen seines Hauses fest verriegelt und zusätzlich von innen mit Möbeln und anderen Gegenständen versperrt.
Es war inzwischen spät am Abend geworden, die Nachbarn wollten ihre Ruhe haben, die Aktion Kristallnacht 10. November war bereits abgeblasen, und irgend jemand – wahrscheinlich ein Gendarm – zwang die Horde zum Abzug. Ganz ohne

vollendete Tat waren sie nicht bereit, den Tag zu beenden. Ungefähr 50 Meter von unserem Haus entfernt, neben einer Wirtschaft, wurde ein Galgen schnellstens aufgestellt. Eine Puppe in Form einer Stürmerfigur, mit Stroh ausgestopft, wurde aufgehängt und anschließend verbrannt.
Erst spät in der Nacht gab es Ruhe. Vom dunklen Zimmer aus beobachteten ich und meine Mutter dieses makabre Spiel. Ich erinnere mich heute noch, wie sich die Flammen der brennenden Puppe im Fensterglas unserer Wohnung spiegelten.
In den folgenden Wochen bis zur Freilassung meines Vaters aus dem KZ Dachau blieb ich zu Hause, um meiner Mutter beizustehen. Ich machte alle Besorgungen, auch für die anderen jüdischen Familien im Dorf. Besuche machte meine Mutter mit mir bei diesen Familien nur abends bei Dunkelheit.
So besuchten wir eines Abends Anfang Dezember die Familie H. Der Familienvater war ebenso wie mein Vater in Dachau. Zu Hause verblieben waren drei Frauen, alle drei sehr hilflos. Die Großmutter war über 80; Frau H., die Mutter, war herz- und zuckerkrank, und die Tochter war ein junges Mädchen von 16–17 Jahren.
Meine Mutter und ich wollten die drei armseligen Personen etwas von ihrer Not ablenken und ihnen mit Rat und Tat beistehen. Da klingelt ganz grell – so habe ich es noch heute in Erinnerung – das Telefon. Frau H. hebt den Hörer ab, darauf ein tiefes Stöhnen, sie fällt in Ohnmacht. Meine Mutter und Frau H's Tochter versuchen die Ohnmächtige auf die Beine zu bringen. Meine Mutter übernimmt das Telefongespräch. Am anderen Ende der Leitung ist die Gendarmerie Kleinlangheim. Der Beamte übermittelt ganz kurz und lakonisch die traurige Mitteilung: Der Jude H. – der Familienvater – sei gestern im Konzentrationslager verschieden. Die Leiche solle am folgenden Tag an der Bahnstation Kleinlangheim übernommen werden. Gleichzeitig seien bei Übernahme die Kosten für den Transport und den Bleisarg zu begleichen.
Frau H. kam langsam wieder zu sich. Meiner Mutter fiel es schwer, ihr die eben empfangene Hiobsbotschaft zu übermitteln. Ich selbst war diesmal zum erstenmal schwer geschlagen und völlig verstört. Es war die ernste Sorge um den Vater, der damals noch in Dachau war, und die Trauer um Herrn H., den ich sehr gern hatte. –

Mein Vater kam 14 Tage nach der Beerdigung von Herrn H. von Dachau zurück. Es war Ende Dezember 1938, am Tag des 6. Chanukka-Lichts. Er berichtete uns über den grausamen Tod seines Freundes H. Dieser war an einer schweren Lungenentzündung erkrankt. Trotz hohem Fieber über 40° mußte er zum täglichen Appell erscheinen. Die Kleidung bestand aus einem Häftlingsanzug und Holzschuhen ohne Socken. Es lag hoher Schnee, die Temperatur war 18° minus. Der Appell dauerte diesmal wegen des Fehlens eines Häftlings über 12 Stunden. Der Schwerkranke war dieser Strapaze nicht gewachsen. Erst nach 10stündiger Tortur kam für ihn die Erlösung; er fiel tot in den Schnee.
Für unsere Familie folgten noch schwere Zeiten. Wir mußten unsere Wohnung im

eigenen Haus auf Befehl des Ortsgruppenführers fristlos räumen. Als Unterkunft wurde uns das örtliche Armenhaus zugewiesen. Dasselbe war jahrelang nicht bewohnt und im Winter als Schafstall genutzt worden.
Ich wohnte in dieser Behausung bis Ende 1939, bis zu meiner Auswanderung nach dem damaligen Palästina. Meine Eltern wohnten dort noch bis zum Sommer 1940. Danach konnten sie nach langen Bemühungen zur Großmutter nach Rexingen ziehen.
1941 wurden meine Eltern aus Rexingen nach Polen verschickt. Meine Mutter wurde gleich nach der Ankunft im Lager im Rahmen einer Selektion mit mehreren jüdischen Frauen von einem Kommando erschossen. Mein Vater lebte bis Ende 1944 im Ghetto Riga und ist dort verschollen.
Seit Januar 1940 lebe ich in Shavej Zion. Hier fand ich meine neue Heimat und hier habe ich meine Familie gegründet. Hier sind unsere drei Töchter geboren, von denen bereits zwei verheiratet sind. Ihnen fehlten Großvater und Großmutter von väterlicher Seite.
Inzwischen sind wir bereits Großeltern und haben viel Freude an unserem ersten Enkelkind. Auch ihr fehlt leider ein Großvater. Ihr Vater, also unser Schwiegersohn, ist Kriegswaise. Sein Vater überlebte Auschwitz, kam nach dem Krieg nach Israel und wurde als Pilot ausgebildet. Im Sinaifeldzug 1956 wurde sein Flugzeug am Suezkanal von einem ägyptischen Geschoß getroffen. Er mußte abspringen und wurden von Ägyptern am Erdboden ermordet.
Wir sehnen uns nach einem friedlichen Zusammensein, wo Kinder und Kindeskinder geborgen aufwachsen können. Die Wunden aus der schweren Zeit sind geheilt. Es verbleiben jedoch tiefe Narben.

Mitgeteilt vom Denkendorfer Kreis für christlich-jüdische Begegnung

Judenvernichtung am Beispiel des Warschauer Ghettos

31 Zvi Kolitz: Jossel Rackower spricht zu Gott

Ich, Jossel, Sohn des Jossel Rackower von Tarnopol, ein Nacheiferer des Gerer Rabbi und Nachkomme der großen Zaddikim aus den Familien Rackower und Meisels, schreibe diese Zeilen, während das Warschauer Getto in Flammen steht; das Haus, in dem ich mich befinde, ist eines der letzten, das noch nicht brennt. Schon seit einigen Stunden werden wir von heftigem Artilleriefeuer beschossen, und ringsum stürzen die Mauern ein, in kurzer Zeit wird auch dieses Haus, wie fast alle anderen Häuser des Gettos, seinen Bewohnern und Verteidigern zum Grab werden. Die roten Sonnenstrahlen, die durch das kleine, halbvermauerte Fenster meines Zimmers hereinkommen – dieses Zimmers, aus dem ich tage- und nächtelang den Feind beschossen habe –, zeigen mir, daß es Abend wird; die Sonne kann nicht wissen, wie wenig ich es bedaure, daß ich sie nicht mehr aufgehen sehen werde ...

Jetzt ist meine Stunde gekommen. Wie Hiob kann ich von mir sagen – und ich bin nicht der einzige –. Nackt bin ich geboren, nackt kehre ich zur Erde zurück. Ich bin jetzt 43 Jahre alt, und wenn ich auf die vergangenen Jahre zurückblicke, so kann ich behaupten, soweit ein Mensch überhaupt etwas mit Sicherheit behaupten kann: Ich hatte ein herrliches Leben. Mein Leben war einmal vom Glück gesegnet, aber ich wurde nie übermütig. Ich hatte ein offenes Haus für jeden Bedürftigen, und ich war glücklich, wenn ich einem Menschen gefällig sein konnte. Ich habe Gott in glühender Hingabe gedient, und meine einzige Bitte an ihn war, ich solle ihm dienen dürfen „mit ganzen Herzen, mit der ganzen Seele und mit der ganzen Kraft". Nach alldem, was ich erlebt habe, kann ich nicht behaupten, daß diese Einstellung ganz unverändert geblieben ist. Mit Sicherheit aber kann ich behaupten, daß sich mein Glaube an ihn nicht um ein Haar verändert hat. Früher, als es mir gut ging, war meine Beziehung zu ihm wie zu einem, der mir immer Gnade erwiesen hat und in dessen Schuld ich immer war. Jetzt aber ist es die Beziehung wie zu einem, der auch mir etwas schuldet ...

Zu sagen, daß wir die Schläge verdienen, die wir bekommen, heißt: uns selber mißachten und den Namen Gottes geringschätzen.

Da das so ist, erwarte ich natürlich kein Wunder, und ich bete nicht zu meinem Gott, er möge Mitleid mit mir haben. Er mag gegen mich dieselbe Gleichgültigkeit zeigen, die er gegenüber Millionen anderer seines Volkes gezeigt hat. Ich bin keine Ausnahme von der Regel, und ich erwarte nicht, daß er zu mir eine besondere Beziehung hat. Ich werde nicht versuchen, mich zu retten, und ich werde von hier nicht fliehen. Ich werde dem Feuer die Arbeit erleichtern, indem ich meine Kleider mit Benzin überschütte. Ich habe drei Flaschen Benzin übrig von den Dutzenden Flaschen, die ich den Mördern auf die Köpfe goß. (Es war ein großer Augenblick in meinem Leben, und ich habe tief in meinem Herzen gejauchzt.) Nie hätte ich mir früher vorstellen können, daß ich mich über den Tod von Menschen freuen könnte – und seien es auch Feinde wie diese. Mögen dumme Humanisten sagen, was sie wollen – die Rache war und wird für immer mein letzter Kampfeindruck und meine größte seelische Befriedigung bleiben. Bisher habe ich den Spruch, daß Rache heilig sei, nie begriffen, weil es mir unverständlich erschien, daß Gott und Rache in einem Atemzug genannt werden können ...

Ich habe noch drei Flaschen Benzin. Sie sind mir teuer wie dem Säufer der Wein. Nachdem ich die letzte Flasche über meine Kleider gegossen habe, werde ich diese Zeilen in die leere Flasche legen. Ich werde die Flasche in den Ziegeln des halbvermauerten Fensters verstecken. Sollte jemand die Zeilen finden und lesen, so mag er vielleicht das Gefühl eines Juden verstehen, eines von Millionen, der gestorben ist verlassen von Gott, an den er so stark glaubte. (Die andern beiden Flaschen werde ich auf den Köpfen der Übeltäter in Flammen aufgehen lassen, wenn mein letzter Augenblick gekommen ist.)
Zwölf Menschen waren wir in diesem Zimmer, als der Aufstand begann, und neun Tage lang haben wir gegen den Feind gekämpft. Meine elf Kameraden sind gefallen. Sie sind still gestorben. Selbst der kleine Junge ist still gestorben, wie seine älteren Kameraden. ...

Ich bin stolz darauf, ein Jude zu sein! Und das nicht trotz der Beziehung, die die Welt zu uns hat, sondern eben wegen dieser Beziehung. Ich würde mich schämen, einem jener Völker anzugehören, die Übeltäter geboren und aufgezogen haben wie die, die die Verantwortung der Taten gegen uns tragen.
Ich bin stolz darauf, ein Jude zu sein, weil es schwer ist, ein Jude zu sein, sehr schwer. Es ist leicht, ein Engländer zu sein, ein Amerikaner oder ein Franzose, es ist leichter und bequemer, einer von ihnen zu sein – aber keinesfalls ehrenhafter. Ja, es ist eine Ehre, ein Jude zu sein. Ich glaube, ein Jude zu sein, heißt: ein Kämpfer sein. Ein ewiger Schwimmer gegen den schmutzigen, verbrecherischen Menschenstrom. Ihr Feinde sagt, daß wir schlecht seien, gerne hätte ich gesehen, wie ihr euch an unserer Statt ausgemacht hättet.
Ich bin glücklich, zum unglücklichsten aller Völker der Welt zu gehören, dessen Thora die höchste Moral und das schönste aller Gesetze vertritt ...

Du sagst, wir haben gesündigt. Natürlich haben wir gesündigt. Daß wir dafür bestraft werden – auch das kann ich verstehen. Ich will aber, daß du mir sagst, ob es eine Sünde in der Welt gibt, die eine solche Strafe verdient? ...

Ich will Dir klar und offen sagen, daß wir jetzt mehr als in jeder anderen Epoche unseres unendlichen Leidensweges – wir, die Gepeinigten, die Geschändeten, die Erstickten, die lebendig Begrabenen und lebendig Verbrannten, wir, die Beleidigten und Erniedrigten, die zu Millionen Ermordeten – das Recht haben, zu wissen, wo die Grenzen Deiner Geduld liegen! ...
Und noch etwas will ich Dir sagen: Du sollst den Strick nicht allzusehr anspannen, sonst könnte er – Gott verhüte – reißen! Die Versuchung, vor die Du uns gestellt hast, ist so schwer und bitter, daß Du jenen Deines Volkes verzeihen sollst und mußt, die sich in Unglück und Verzweiflung von Dir abgewandt haben ...

Ich kann Dich nicht loben für die Taten, die Du duldest. Ich segne aber und ich lobe Dich für Deine schreckliche Größe, die gewaltig sein muß, wenn selbst das, was jetzt geschieht, auf Dich keinen Eindruck macht.

Und eben weil Du groß bist und ich so klein, bitte ich: Ich warne Dich um Deines Namens willen! Höre auf, Deine Größe zu beweisen, indem Du die Unglücklichen schlägst! ...

Es steht in der Thora geschrieben, daß ein Dieb strenger bestraft werden muß als ein Räuber, obgleich der Dieb sein Opfer nicht überfällt, sondern sein Verbrechen in der Stille begeht. Der Räuber überfällt sein Opfer am hellen Tag und fürchtet weder Menschen noch Gott. Der Dieb dagegen fürchtet die Menschen, aber nicht Gott, dafür muß er strenger bestraft werden als die Räuber. Es wird mich nicht kränken, wenn Du die Mörder behandelst wie die Räuber, da sie die gleiche Beziehung haben zu Dir und zu uns, und aus ihrem Morden machen sie kein Hehl.
Aber diejenigen, die den Mord verschweigen, diejenigen, die nicht Dich fürchten, sondern das Gerede der Menschen (Dummköpfe, sie ahnen nicht, daß die Menschen gar nicht über sie reden werden!), die, die Mitleid haben mit dem Ertrinkenden und ihn trotzdem nicht retten, sie alle, ich beschwöre Dich, Gott, sie sollst Du bestrafen wie Diebe!
Der Tod kann auf mich nicht warten, und ich muß mit dem Schreiben aufhören. Das Feuer in den oberen Stockwerken wird von Minute zu Minute schwächer. Jetzt fallen die letzten Verteidiger unserer Festung, und mit ihnen fällt und stirbt das große, das schöne, das gottesfürchtige jüdische Warschau. Die Sonne ist im Untergehen, und ich danke Dir, Gott, daß ich sie nicht mehr aufgehen sehen werde. Roter Schein fällt durchs Fenster, und das Stück Himmel, das ich sehe, ist rot und fließend wie eine Blutkaskade.
Spätestens in einer Stunde werde ich mit Frau und Kindern vereint sein und mit Millionen meines Volkes in einer besseren Welt, wo es keinen Zweifel mehr gibt und wo Gott der einzige Herrscher ist. Ich sterbe ruhig, aber nicht befriedigt, ein Geschlagener, aber kein Verzweifelter, ein Gläubiger, aber kein Betender, ein Verliebter in Gott, aber kein blinder Amensager.
Ich bin ihm nachgegangen, auch wenn er mich von sich geschoben hat, ich habe sein Gebot erfüllt, auch wenn er mich dafür geschlagen hat, ich habe ihn liebgehabt und war und bin verliebt in ihn, auch wenn er mich zur Erde erniedrigt, zu Tode gepeinigt, zur Schande und zum Gespött gemacht hat ...

Und das sind meine letzten Worte an Dich, mein zorniger Gott: Es wird Dir nicht gelingen! Du hast alles getan, damit ich nicht an Dich glaube, damit ich an Dir verzweifle! Ich aber sterbe, genau wie ich gelebt habe, im felsenfesten Glauben an Dich.
Gelobt sei in aller Ewigkeit der Gott der Toten, der Gott der Rache, der Gott der Wahrheit und des Gesetzes, der bald wieder sein Gesicht der Welt zeigen und ihre Grundfesten mit seiner allmächtigen Stimme erschüttern wird.
Höre, Israel, der Ewige ist unser Gott, der Ewige ist einig und einzig!

Unter Mithilfe von David Kohan aus dem Jiddischen übersetzt von Anna Maria Jokl

Aus: Zvi Kolitz, Jossel Rackower spricht zu Gott (stark gekürzt)

Auschwitz

32 Fakten zu Auschwitz

I. Das Leben im Lager als Diebstahl der Persönlichkeit

Jeder neue Häftling erhielt bei der Einlieferung eine Nummer in den Unterarm tätowiert. Sie trat fortan an die Stelle seines Namens, gab Aufschluß über den Transport, mit dem er gekommen war, und sollte bei Flucht die Auffindung und Identifizierung ermöglichen. Insgesamt sind etwa 405 000 Häftlinge auf diese Weise numeriert worden. Die einheitliche graugestreifte Häftlingskleidung aus Drillich war mit der Nummer und einem Stoffdreieck in verschiedenen Farben versehen – als Erkennungszeichen für den Grund seiner Verhaftung.

Quarantäne
Die ersten sechs bis acht Wochen befand sich der Häftling in Quarantäne. Er sollte körperlich und geistig gebrochen werden. Verbale Erniedrigung, körperliche Züchtigung und militärischer Drill waren die Bestandteile seines Lebens.

„Lagerselbstverwaltung“
Die SS hatte Kommandogewalt und absolute Herrschaft im Lager. Die Häftlinge wurden in „Arbeitskommandos“ aufgeteilt, die von „Capos“, meist kriminellen Häftlingen, befehligt wurden. So wie diese bei der Arbeit, waren „Block-“ und „Stubenälteste“ in der Freizeit der SS gegenüber für die Ausführung der Befehle verantwortlich.

Appell
Der Tag begann und endete mit einem Appell, der die Belegschaftsstärke feststellen sollte. Vom noch Arbeitsfähigen bis zum Sterbenden mußte jeder antreten. Besondere Launen der SS führten zu einer Ausdehnung solcher Appelle bis zu 19 Stunden.

Arbeit
12 Stunden war die Dauer des Arbeitstages der Häftlinge. Sie arbeiteten bei der Erweiterung des Lagers, in den von ihnen errichteten Fabriken und Bergwerken der Umgebung und in der Landwirtschaft.

Wohnen
In Räumen für 40 bis 50 Personen schliefen etwa 200 Häftlinge, drei bis vier auf einem Strohsack. Kälte, Nässe und Schmutz bestimmten die „Wohn“bedingungen.

Essen
Die Nahrung enthielt etwa 1300 bis 1700 Kalorien täglich (300 g Brot, 20 g Margarine, 20 g Wurst, 0,5 l Kaffee und Rüben- oder Kohlsuppe), obwohl ein Schwerarbeiter etwa 4800 Kalorien braucht. Bei der Befreiung hatten die Häftlinge ein Gewicht von 30 bis 40 kg.

Gesundheit
Die sumpfige Gegend um Auschwitz begünstigte ein ausgesprochenes Malariaklima. Die hygienischen und sanitären Bedingungen waren Ursache für Krankheiten und Epidemien.

Briefe
Die Häftlinge konnten unter bestimmten Bedingungen Briefe nach außen schreiben und Post empfangen. Die am häufigsten wiederkehrende Formel war: „Ich bin gehorsam, fleißig und arbeite, und darum geht es mir hier gut“, oder „Ich bin

gesund und fühle mich gut." Oftmals konnten die Angehörigen einige Tage später ein Telegramm erhalten, das die Todesnachricht des Briefschreibers zum Inhalt hatte. Vordrucke zu diesem Zweck brauchten bloß noch ausgefüllt werden. Meist wurde als Todesursache „Herzschwäche bei Lungenentzündung" angegeben.

Strafen

Die Strafgründe, die in den Dokumenten am häufigsten genannt werden, sind in dem zu diesem Thema vorgesehenen Arbeitsbogen aufgeführt. Die in der „Lagerordnung" vorgesehenen Strafen sind dort ebenfalls nachzulesen. Hinzu kamen noch weitere Strafen und Folterungen, die sich einzelne SS-Leute ausgedacht hatten.

Der Dienst in der Strafkompanie kam einem Todesurteil gleich. Die Todesstrafe wurde durch Erschießen, Erhängen oder Aushungern praktiziert. Erschießungen bei der Arbeit, die als Fluchtversuche lanciert wurden, brachten dem SS-Mann Schnaps und einen Tag Sonderurlaub als Belohnung.

Tod

Die Häftlinge hatten eine durchschnittliche Lebenschance von drei bis sechs Monaten. Waren die schon beschriebenen Umstände bereits Todesursache für viele Menschen, so kam ein wichtiger Zweck hinzu, für den dieses Lager bestimmt war und weshalb die Erde von Auschwitz heute als größter Friedhof der Welt bezeichnet werden kann. Jeder Transport, der mit einem Güterzug in Birkenau ankam, wurde der „Selektion" auf der Rampe unterworfen. Etwa 11 bis 20 Prozent der Neuankömmlinge wurden als arbeitsfähige Häftlinge im Lager behalten, während der überwiegende Rest (einige Tausende täglich) unter dem Vorwand, zum Duschen geschickt zu werden, in den vier Gaskammern und Krematorien ermordet und verbrannt wurden.

Im September 1941 probierte man das Verfahren mit dem Giftgas Zyklon B zum ersten Mal an sowjetischen Kriegsgefangenen aus. Etwa 4000000 Menschen aus fast allen europäischen Nationen sind auf diese Weise umgebracht worden.

Bevor dieses Verfahren „erfunden" worden war, experimentierten Ärzte an Häftlingen mit anderen Methoden, wie z. B. Phenol-Injektionen, um Menschen zu töten. Weitere Versuche – besonders zur Sterilisation – waren Todesursache für Tausende von Häftlingen.

Es kam nur relativ selten zu Fällen von Selbstmord („in den Draht gehen"), da der übermäßige Hunger zu einer psychischen Haltung führte, die stark von Gleichgültigkeit gegenüber dem Leben geprägt war.

Widerstand

Die Widerstandsbewegung im Lager, zu deren Leitung Józef Cyrankiewicz, der spätere Ministerpräsident der Volksrepublik Polen, gehörte, konnte nur konspirativ arbeiten. Sie organisierte und half bei Fluchten, schmuggelte Nachrichten nach außen, so z. B. die „Henkerliste", die von Radio London gesendet wurde und die SS-Bewacher stark beunruhigte. Es kam auch zu einigen Aufständen, die allerdings nicht den gewünschten Erfolg brachten.

Die Flucht von Häftlingen wurde trotz Androhung der Todesstrafe von der in der Umgebung lebenden polnischen Bevölkerung gedeckt. Sippenhaft war meist die Folge, so wie in Polen als einzigem okkupierten Land das Verstecken von Juden mit der standrechtlichen Todesstrafe belegt war. Um das Lager von der übrigen Bevölkerung zu isolieren, wurden Aussiedlungen vorgenommen und Volksdeutsche angesiedelt.

II. Allseitige Verwertung

Arbeitskraft
Die Häftlinge wurden dazu benutzt, als Arbeitskräfte an die Großkonzerne (IG-Farben, Siemens, Krupp, Hermann-Göring-Werke) verliehen zu werden. Als täglichen Lohn erhielt die SS pro Facharbeiter 4,– RM und pro Hilfsarbeiter 3,– RM.

Diebstahl des gesamten Eigentums
Höss, der Lagerkommandant, schrieb selbst: „Schon 1942 war Kanada I lange schon nicht mehr in der Lage, die Sortierung laufend zu erledigen. Trotz immer wieder neu erstellter zusätzlicher Schuppen und Baracken, Tag- und Nachtarbeit der sortierenden Häftlinge, andauernder Verstärkung dieser Kommandos türmte sich das noch unsortierte Gepäck, obwohl täglich mehrere Waggons, oft bis zu 20, mit sortiertem Material verladen wurde." Hierbei handelte es sich um geraubtes – hauptsächlich jüdisches – Eigentum. Dazu gehörten Männeranzüge, Frauenkleider, Damen- und Herrenschuhe, Teppiche, Zahnbürsten, Rasierpinsel, Gebrauchsgegenstände, Prothesen und Brillen. Geld in riesigen Mengen aller europäischer und sogar überseeischer Währungen wurden den eingelieferten Häftlingen abgenommen.

Haare
Bei der Befreiung des Lagers fand man in Papiersäcken verpackt 7000 kg Haare, hauptsächlich von Frauen. Dieses Haar von Häftlingen wurde an eine Firma in Bayern für 0,50 RM je kg verkauft, die daraus Strümpfe für U-Boot-Besatzungen und für die Reichsbahn herstellte.

Verwertung der toten Körper
Nach der Tötung wurden den Opfern die Goldzähne herausgebrochen und zu Stäben eingeschmolzen. Die Knochen wurden zermahlen und bei der Düngerproduktion verwendet.

„Medizinische Versuche"
Eine Reihe von SS-Ärzten, die im Lager Dienst taten, führten pseudomedizinische Versuche an Kranken und Gesunden durch. Dies geschah einerseits im Interesse einiger Pharmakonzerne, andererseits im Dienste der NS-Rassentheorie mit dem Ziel der Sterilisation der sogenannten Untermenschen und der Steigerung der Fruchtbarkeit der „Herrenrasse". Folgende Experimente wurden durchgeführt:

1. Man hielt die Häftlinge bis zu 3 Stunden in Bassins mit eiskaltem Wasser oder nackt im freien Felde viele Stunden lang bei einer Temperatur von 0° C, was der Ermittlung einer Methode der Behandlung von stark erfrorenen Menschen dienen sollte.
2. Man brachte die Häftlinge in Niederdruckkammern, um die Grenzen der Ausdauer und der Lebensfähigkeit der Menschen in ungewohnten Höhen zu erproben.
3. Die Häftlinge wurden mit Malaria infiziert, um die Wirkung verschiedener Heilmittel an ihnen zu erproben.
4. Man infizierte die Häftlinge mit infektiöser Gelbsucht oder mit Flecktyphus, um ihre Ursachen und die Wirkung der Schutzimpfungen zu erforschen.
5. Die Häftlinge wurden absichtlich verletzt, und an den Wunden wurde die Wirkung von Senfgas (Yperit) beobachtet, um eine erfolgreiche Behandlung solcher Wunden zu ermitteln.
6. In die den Häftlingen mit Absicht zugefügten Wunden wurden,um die Infektion zu steigern, neben Eiter, Starrkrampf- und Gasbrandbakterien auch Holzfeilspäne oder pulverisiertes Glas eingeführt, um die Wirksamkeit von Sulfonamiden und anderen Heilmitteln zu prüfen.

7. Man schnitt einem Häftling Knochen- und Muskelteile aus und tansplantierte sie in den Körper anderer Häftlinge, um ihre Überpflanzung und Regeneration zu beobachten.

8. Man entzog den Häftlingen jegliche Nahrung und gab ihnen nur chemisch präpariertes Meerwasser zu trinken.

9. Man verursachte bei den Häftlingen mit Phospor aus den Brandbomben schwere und schmerzliche Brandwunden, um die Wirkung verschiedener Heilmittel zu erproben.

10. Man verabreichte den Häftlingen im geheimen verschiedene Gifte in der Nahrung, oder man tötete sie mit verschiedenen Geschossen, um die Wirkung dieser Gifte zu beobachten.

11. Man erprobte verschiedene Sterilisationsmethoden, mit deren Hilfe bei einem Minimum an Zeit und Mühe Millionen von Menschen zeugungsunfähig gemacht werden könnten, z. B. geheime Bestrahlung der Hoden und der Eierstöcke mit Röntgenstrahlen, Beseitigung der Hoden, Einspritzung von Formalin in die Zeugungsorgane."

III. Briefwechsel zwischen Angestellten der IG-Farben und dem Konzentrationslager Auschwitz

Die IG-Farben schreibt:

1. Brief:
„... Im Hinblick auf Experimente mit einem neuen Schlafmittel wären wir Ihnen dankbar, wenn sie uns eine Anzahl Frauen besorgen wollten ..."

2. Brief:
„... Wir erhielten Ihre Antwort, sehen jedoch den Preis von 200 Mark pro Frau als übersetzt an. Wir schlagen Ihnen einen Preis von höchsten 170 Mark pro Frau vor. Wenn Sie damit einverstanden sind, werden wir die Frauen kommen lassen. Wir benötigen annähernd 150 ..."

3. Brief:
„... Wir bestätigen Ihr Schreiben, mit dem Sie sich einverstanden erklärten. Halten Sie für uns 150 Frauen in bestmöglichem Gesundheitszustand bereit; sobald Sie uns wissen lassen, daß Sie soweit sind, werden wir sie übernehmen ..."

4. Brief:
„Die bestellten 150 Frauen erhalten. Trotz ihres kümmerlichen Gesundheitszustands werden sie als genügend erachtet. Wir werden Sie über die Fortschritte der Experimente auf dem laufenden halten ..."

5. Brief:
„... Die Versuche sind vorgenommen worden. Alle Versuchsobjekte sind gestorben. Wir werden Sie in Kürze betreffend einer neuen Lieferung benachrichtigen ..."

IV. Auschwitz (Zusammenfassung)

Mit über 40 qkm Ausdehnung größter Komplex von Arbeits- und Vernichtungslagern.
Aufbau am 20. 5. 1940 begonnen, im November 1943 in drei Lagergruppen gegliedert:

- Stammlager (Auschwitz 1) mit durchschnittlich 18000 Häftlingen,
- KZ Birkenau (Auschwitz 2) mit durchschnittlich 36000 Häftlingen, höchste Belegung 1942 mit 140000 Häftlingen, insgesamt registriert 363000 Menschen, davon 280000 Todesopfer,
- KZ Monowitz (Auschwitz 3) seit 1942 Arbeitslager für Buna-Werke der IG-Farben AG mit durchschnittlich 15000 Häftlingen und insgesamt 30000 Todesopfern.

22. 11. 1940 Erste Erschießungen
seit August 1941 Kranke durch Giftinjektionen ermordet
3. 9. 1941 erste Massenmorde durch Zyklon-B-Gas, ein Produkt des IG-Farben-Konzerns, versuchsweise an 600 russischen Kriegsgefangenen, medizinische Experimente
26. 3. 1942 erster Transport des „Endlösungsprogramms" aus Westeuropa
23. 6. 1942 bis 2. 11. 1944 Massenvergasungen von Juden und 20946 Zigeunern aus fast allen Ländern Europas
18. 1. 1945 letzter Evakuierungsmarsch
26. 1. 1945 Zerstörung der Krematorien angeordnet
26. 1. 1945 Flucht der SS
27. 1. 1945 die Rote Armee befreit 2819 kranke Überlebende

Anzahl der Todesopfer nach Aussage des Kommandanten Höss während des Zeitraums seiner Befehlsgewalt: 2,5 Millionen in den Gaskammern (überwiegend Juden) und 500000 im übrigen KZ-Gelände. Gesamtzahl der Opfer von Auschwitz etwa 4 Millionen.

Bestrafung

1965 wurden in Frankfurt am Main u. a. wegen gemeinschaftlicher Beihilfe zum gemeinschaftlichen Mord verurteilt:

- R. K. L. Mulka an mindestens 3000 Menschen zu 14 Jahren Zuchthaus
- F. W. Boger an mehr als 1100 Menschen zu lebenslänglich Zuchthaus
- Hans Stark an mehr als 300 Menschen zu 10 Jahren Jugendstrafe
- K. H. H. Dylewski an mehr als 1500 Menschen zu 5 Jahren Zuchthaus
- Perry Broad an mehr als 2000 Menschen zu 4 Jahren Zuchthaus
- Bruno Schlage an mindestens 80 Menschen zu 6 Jahren Zuchthaus
- Franz Hofmann an mindestens 2200 Menschen zu lebenslänglich Zuchthaus
- Oswald Kaduk an mindestens 2000 Menschen zu lebenslänglich Zuchthaus
- S. Daretzki an mindestens 8200 Menschen zu lebenslänglich Zuchthaus
- F. B. Lucas an mindestens 4000 Menschen zu 3 Jahren Zuchthaus
- W. Frank an 6000 Menschen zu 7 Jahren Zuchthaus
- V. Capesius an mindestens 8000 Menschen zu 7 Jahren Zuchthaus
- J. Klehr an mindestens 2900 Menschen zu lebenslänglich Zuchthaus
- H. Scherpe an mindestens 900 Menschen zu 4½ Jahren Zuchthaus
- E. Hantl an mindestens 380 Menschen zu 3½ Jahren Zuchthaus
- E. Bednarek an 14 Menschen zu lebenslänglich Zuchthaus

Bei den meisten Angeklagten wurde die Zeit der Untersuchungshaft auf die erkannten Freiheitsstrafen angerechnet.

Aus: Axel Böing, Auschwitz

33 Arnošt Lustig: Freundschaft

Gefragt, warum seine Erfahrungen während des Krieges ihn nicht verbittert hätten, antwortete ein Überlebender: „In Auschwitz habe ich etwas über die Freundschaft gelernt. Als ich fror, schützten mich Fremde mit ihrem Körper gegen die eisigen Stürme, denn sie hatten nichts anzubieten als sich selbst."

Aus: Yaffa Eliach, Träume vom Überleben

34 Rabbi Y. Y. Halberstam: Das Wunder

Das größte Wunder von allen ist, daß wir, die Überlebenden, nach allem was wir mit angesehen und durchgemacht haben, immer noch an den allmächtigen Gott – sein Name sei gesegnet! – glauben und auf ihn vertrauen. Das, meine Freunde, ist das Wunder der Wunder, das größte Wunder, das sich jemals ereignete.

Aus: Yaffa Eliach, Träume vom Überleben

35 Yaffa Eliach: Gott lebt hier nicht mehr

Am 1. August 1979, dem Vorabend von Tischa B'Aw, veranstalteten wir, die Mitglieder der Präsident-Carter-Holocaustkommission, nach unserer Rückkehr aus Auschwitz einen Abendgottesdienst in der alten Remasynagoge in Krakau. Gerade in dem Augenblick, als wir die Klagelieder anstimmen wollten, trat Miles Lerman, ehemaliger Partisan und einziger Überlebender einer großen Familie, nach vorne, bestieg die herrliche Bima[1] mit ihrer prächtigen, schmiedeeisernen Konstruktion, hämmerte auf den Tisch und verkündete, er werde Gott vor ein Din Tora, ein Rabbinatsgericht, laden. Ohne Umschweife begann Miles auf englisch seine Beschwerden gegen den Angeklagten vorzubringen.

„Gott! Wie konntest du hier leben mit Auschwitz und Plaszow nebenan? Wo warst du, als deine Söhne und Töchter in ganz Europa auf den Altären verbrannten? Was hast du gemacht, als meine seligen Eltern in den Tod marschierten? Als man meine Geschwister kaltstellte?"

Miles' Stimme hallte von dem dicken, uralten Gemäuer der Remasynagoge wider. Ein roter Himmel hörte durch die Rundbogenfenster mit zu. Die heilige Lade blieb versiegelt wie die Gesichter der alten Menschen, Überreste der Krakauer Judenheit, die einer fremden, unverständlichen Sprache lauschten.

Miles trat zurück und kam auf mich zu. „Wollen Sie ein paar Worte sagen?" fragte er mich. Wollte man mich als Zeuge der Anklage vorladen? Ich lehnte ab. Nein, nicht ich. Mit Gott liege ich nicht im Streit, nur mit den Menschen! Auch ich will einen Prozeß, aber weder in der Synagoge von Rema noch in Nürnberg oder Frankfurt. Ich würde jede westliche Universität und Bibliothek unter Anklage stellen, weil sie Millionen von boshaften Worten gegen ein altes Volk beherbergten, Worte, wie mörderische Dolche unter dem Deckmantel von Wahrheit und Wissenschaftlichkeit versteckt – die Propaganda der eingebildeten kleinen Leute. Ich möchte auf die Anklagebank schicken die Kanzeln zahlloser Kirchen, wo der Haß brannte wie das Ewige Licht. Ich möchte die Musik Bachs und Beethovens anklagen, die es zuließ, daß man sie spielte, während meine Brüder in den Tod geführt wurden. Ich möchte anklagen den Gärtner, weil er unter der Sonne von Auschwitz Blumen pflanzte, die Zugführer mit ihren kleinen roten Fähnchen, daß

sie den Verkehr regelten wie üblich. Ich möchte Anklage erheben gegen die Ärzte im weißen Kittel, die so beiläufig töteten, die mit einer derartigen Leichtigkeit den Eid des Hippokrates ablegten, aus purer Heuchelei.
Ich möchte anklagen eine Zivilisation, für die der Mensch ein solch wertloses Geschöpf war. Aber Gott anklagen? Unter welchem Vorwurf? Weil er den Menschen mit der Fähigkeit ausgestattet hat, zwischen Gut und Böse zu wählen?
Als wir die Synagoge verließen, fragte mich ein alter Krakauer Jude: „Was hat Ihr amerikanischer Freund in der Sprache des Dollars gesagt?" Ich erzählte es ihm. „Sagen Sie ihm", wies er mich an, „dies ist nicht die Synagoge Gottes. Dies ist die Synagoge des Rema. Gott liebt in der heutigen Zeit große Ansammlungen von Juden, Gemeinden mit einer Vielzahl von Minjans[2]. Gott weilt jetzt in Plaszow, Auschwitz, Sobibor, Treblinka, Majdanek und in vielen anderen dieser ‚Synagogen'. Gott lebt hier nicht mehr."

Aus meinem Tagebuch zur Zeit der Tatsachenfeststellung für Präsident Carters Holocaustkommission, 1. August 1979.

1 Bima = der Lesepult, von dem aus die Tora verlesen wird.
2 Minjan = die Zahl von 10 männlichen Betern über 13 Jahre, die eine Gemeinde konstituiert.

Aus: Jaffa Eliach, Träume vom Überleben

36 Hermann Wouk: Eine Deutung

„Also gut! Reden wir jetzt in unserer Muttersprache. Und sprechen wir von einem Epos, das uns selbst betrifft, unserem eigenen Epos. Denkt daran, was Satan zu Gott sagt: ‚Gewiß, Hiob ist ein gottesfürchtiger Mann. Sieben Söhne und drei Töchter, der reichste Mann im Lande Uz. Warum soll er nicht gottesfürchtig sein? Sieh, wie es sich auszahlt. Ein vernünftiges Universum. Eine schöne Übereinkunft! Hiob ist nicht gottesfürchtig, er ist nur ein gerissener Jude. Die Sünder sind verdammte Narren. Nimm ihm nur alles, womit du ihn belohnt hast, und sieh zu, was mit seiner Gottesfurcht geschieht!'
‚Na schön, nimm ihm alles fort', sagt Gott. Und an einem einzigen Tage schleppten Plünderer all sein Hab und Gut davon, kommen seine zehn Kinder in einem Sturm um. Und was tut Hiob? Er hüllt sich in Trauer. ‚Ich bin nackt von meiner Mutter Leibe gekommen, und nackt werde ich wieder dahinfahren', sagt er. ‚Der Herr hat's gegeben, der Herr hat's genommen; der Name des Herrn sei gelobt!'
So führt Gott Satan in Versuchung. ‚Siehst du? Er ist gottesfürchtig geblieben. Ein guter Mensch!'
‚Haut für Haut', entgegnet Satan. ‚Alles, was ein Mann hat, läßt er für sein Leben. Machst du ihn zum Skelett – einem kranken, ausgeplünderten, alleingelassenen Skelett –, daß diesem stolzen Juden nichts bleibt als seine eigene vermodernde Haut ...'"
Jastrow versagt die Stimme. Er schüttelte den Kopf, räuspert sich, fährt sich mit der Hand über die Augen, um dann heiser fortzufahren: „Gott sagt: ‚Gut, tu alles mit ihm, nur das Leben darfst du ihm nicht nehmen.' Hiob wird von einer furchtbaren Krankheit befallen. Da er nichts weiter ist als ein stinkender Haufe, verläßt er auf allen Vieren kriechend sein Haus, sitzt auf einem Aschenhaufen und kratzt sich mit einem Scherben die Fußsohlen. Er sagt nichts. All seines Reichtums beraubt, seine Kinder sinnlos getötet, sein Leib ein stinkendes, mit Schwären bedecktes Gerippe, schweigt er. Drei seiner frommen Freunde kommen, ihn zu

trösten. Es entspinnt sich ein Streitgespräch.

Ach, meine Freunde, welch ein Streit! Welch ungebärdige Dichtung, welche Einsicht in das Wesen des Menschlichen! Ich sage euch, daß Homer angesichts Hiobs verblaßt: daß Aischylos hier auf jemanden trifft, der ebenso kraftvoll ist wie er, ihn aber im Verstehen weit übertrifft; daß Dante und Milton zu dieses Autors Füßen sitzen, ohne auch nur zu begreifen, was er sagt. Wer war er? Niemand weiß es. Irgendein alter Jude. Er wußte, um was es im Leben geht, das war alles, das ist alles. Er hat es gewußt, wie wir hier in Theresienstadt es wissen."

Er legt eine Pause ein und blickt seine Nichte mit kummervollen, traurigen Augen an. Erschüttert, völlig verwirrt, am Rande der Tränen, hungert Natalie nach seinen nächsten Worten. Als er spricht, wendet er den Blick von ihr, doch sie hat das Gefühl, als spreche er vor allem zu ihr.

„Wie bei den meisten großen Kunstwerken, so ist auch im Buche Hiob das Grundmuster schlicht und einfach. Seine Tröster behaupten, da der Allmächtige das Universum regiert, müsse es einen Sinn ergeben. Folglich müsse Hiob gesündigt haben. Soll er in seiner Seele nachforschen, seine Missetaten bekennen und bereuen. Man weiß nur nicht, worin seine Missetat bestanden hat.

Und eine Runde nach der anderen wehrt Hiob sich. Das, was man nicht weiß, muß bei Gott liegen, nicht bei ihm. Er ist ebenso fromm wie sie. Er weiß, daß der Allmächtige existiert und daß das Universum einen Sinn ergeben muß; daß gutes Verhalten kein Glück garantiert; daß sinnlose Ungerechtigkeit zur sichtbaren Welt und zum Leben gehört. Seine Religion, sein Glaube verlangt, daß er seine Unschuld beweist – sonst entheiligt er den Namen Gottes! Er geht so weit, zuzugeben, daß der Allmächtige das Leben eines einzelnen Menschen verpfuschen kann; aber wenn Gott dazu imstande ist, dann ist das ganze Universum verpfuscht, und Er ist nicht der Allmächtige. Dazu kann Hiob sich nicht verstehen. Er verlangt eine Antwort.

Und er bekommt seine Antwort. Ach, was für eine Antwort! Eine Antwort, die nichts beantwortet. Gott selbst spricht zuletzt aus einem tosenden Sturm heraus zu ihm: ‚Wer bist du, mich zur Rechenschaft zu ziehen? Bildest du dir ein, begreifen zu können, was ich tue oder warum? Warst du dabei, als ich die Erde schuf? Kannst du die Wunder der Sterne, der Tiere, die unendlichen Wunder des Seins begreifen? Du, ein Wurm, der ein paar Augenblicke lebt und dann stirbt?

Meine Freunde: Hiob hat gewonnen. Begreift ihr das? Gott mit Seinem ganzen Tosen hat Hiob den Hauptpunkt zugestanden: daß nämlich das, was fehlt, bei Ihm liegt! Gott führt für sich nur ins Feld, daß seine Vernunft die Hiobs übersteigt! Und das zuzugeben, ist Hiob durchaus bereit. Da dieser Hauptpunkt geklärt ist, demütigt Hiob sich, ist mehr als zufrieden, fällt auf sein Antlitz nieder.

Und damit endet das Drama. Gott wirft den Tröstern vor, falsch von Ihm gesprochen zu haben, und preist Hiob, bei der Wahrheit geblieben zu sein. Er gibt Hiob seinen Reichtum zurück. Hiob bekommt sieben weitere Söhne und drei weitere Töchter. Er lebt hundertundvierzig Jahre, sieht Enkel und Urenkel heranwachsen und stirbt als hochbetagter, verehrter und wohlhabender Mann."

Der reiche Fluß des gebildeten Jiddisch bricht ab. Jastrow tritt wieder an das Rednerpult zurück, zieht seine Notizen aus der Tasche und wendet etliche Blätter um. Suchend blickt er über seine Zuhörer hinweg.

„Zufrieden? Ein glückliches Ende, ja? Viel jüdischer als das absurde und tragi-

sche Ende der Ilias? Seid ihr so sicher? Meine lieben jüdischen Freunde, was ist mit den zehn Kindern, die sterben mußten? Wo bleibt Gottes Gerechtigkeit ihnen gegenüber? Und was ist mit dem Vater und der Mutter? Können diese Wunden in Hiobs Herzen verheilen – und sei es in hundertvierzig Jahren?
Doch das ist noch nicht das Schlimmste. Überlegt! Um was handelte es sich bei dem fehlenden Stück, das Hiobs Begreifen überstieg? Wir verstehen es, und sind wir so besonders klug? Satan hat Gott durch seinen Hohn und seinen Spott dazu gebracht, dieses sinnlose Gottesurteil zu befehlen. Kein Wunder, daß Gott aus einem Sturm heraus wettert, um Hiob zum Schweigen zu bringen! Schämt Er sich nicht vor Seinen eigenen Geschöpfen? Hat Hiob sich nicht besser verhalten als Gott?"
Jastrow zuckt mit den Achseln und breitet die Hände aus; sein Gesicht verzieht sich zu einem mutwilligen kleinen Lächeln, das Natalie an Charlie Chaplin denken läßt.
„Aber ich war dabei, die Ilias auszulegen. In der Ilias liegen die unsichtbaren Mächte in Widerstreit miteinander, und das hat eine sichtbare Welt sinnlosen Übels zur Folge. Anders bei Hiob. Satan hat überhaupt keine Gewalt. Er ist nicht der christliche Satan, nicht Dantes kolossales Ungeheuer, nicht Miltons stolzer Rebell, nicht im geringsten. Er braucht für alles, was er tut, Gottes Erlaubnis.
Wer also ist Satan? Und warum erwähnt Gott ihn in seiner Antwort aus dem Sturm heraus mit keinem Wort? Das Wort satan bedeutet im Hebräischen Widersacher. Was sagt uns die Bibel? Hat Gott mit sich selbst gestritten? Hat er sich gefragt, ob die unendlich große Schöpfung irgendeinen Zweck hat? Und als Antwort nicht auf die toten schimmernden Milchstraßen gewiesen, die sich über Tausende von Lichtjahren erstrecken, sondern auf eine Handvoll Schmutz, den Menschen, der Seine Gegenwart ahnen, Seinen Willen tun und diese Milchstraße messen kann? Vor allem auf den aufrecht gehenden Menschen, jenes Staubkorn, das imstande ist, sich selbst an seinem Erschaffen zu messen, soweit es um Würde und um Güte geht? Und was geht sonst aus diesem Gottesurteil hervor?
Die Helden der Ilias erheben sich über die zänkische Ungerechtigkeit der schwachen und verachtenswerten Götter.
Bei Hiob muß Gott sich für alles und jedes verantworten, was geschieht, für das Gute ebenso wie für das Böse. Hiob ist der einzige Held in der Bibel. Es gibt in den anderen Büchern Kämpfer, Patriarchen, Gesetzgeber und Propheten. Hiob aber ist der Einzige, der es wagt, sich am Universum zu messen, an der Größe des Gottes Israel, während er auf einem Aschenhaufen sitzt; Hiob, ein armer, bis zum Skelett abgemagerter, gebrochener Bettler.
Wer ist Hiob?
Niemand. Hiob wurde nie geboren, heißt es im Talmud. Er war ein Gleichnis. Ein Gleichnis für welche Wahrheit?
Schön, fragen wir also danach. Wer in der ganzen Geschichte ist es, der nie zugeben will, daß es keinen Gott gibt, nie zugeben will, daß das Universum keinen Sinn hat? Wer ist es, der ein Gottesurteil nach dem anderen durchstehen muß, eine Plünderung nach der anderen, ein Massaker nach dem anderen, ein Jahrhundert nach dem anderen – und dennoch zum Himmel aufblickt, manchmal mit brechenden Augen, und ruft: ‚Der Herr unser Gott, der Herr ist Einer'?
Wer ist es, der am Ende der Tage von Gott die Antwort aus dem Sturm erzwingen wird? Wer wird die falschen Tröster zurückgewiesen sehen, die alte Herrlichkeit wiederhergestellt, und Generationen glücklicher Kinder und Enkelkinder bis

ins vierte Glied? Wer wird bis dahin das fehlende Glied Gott überlassen und Seinen Namen lobpreisen, indem er ruft: ‚Der Herr hat gegeben, der Herr hat genommen, gepriesen sei der Name des Herrn'? Nicht das edle Griechisch der Ilias, das ist ausgestorben. Nein. Sondern kein anderer als das kranke, ausgeplünderte Gerippe auf dem Aschenhaufen. Keiner als der Geliebte des Herrn, der Wurm, der ein paar Augenblicke lebt und dann stirbt, die Handvoll Staub, welche die Schöpfung rechtfertigt. Kein anderer als Hiob. Er ist die einzige Antwort, falls es überhaupt eine gibt, auf die Herausforderung Satans an Gott, an einen Allmächtigen Gott, wenn es ihn gibt. Hiob, der stinkende Jude."

Jastrow starrt wie benommen in das schweigende Publikum hinein. Dann wankt er auf die erste Reihe zu. Udam springt auf und hilft ihm behutsam, sich zu setzen. Die Zuhörer klatschen nicht in die Hände, reden nicht, bewegen sich nicht.

Aus: Herman Wouk, Weltsturm

Glaube und Denken nach Auschwitz

37 Pinchas Lapide: Generation in der Wüste

Viele gläubige Juden halten sich an Jesajas berühmten Vers: „Die Wege Gottes sind so hoch über euren Wegen als der Himmel über der Erde«, so daß ein Verstehenwollen bereits dem eigenen Glauben widerspricht und wir uns mit unserer Ignoranz begnügen müssen. Wir glauben, wie Buber sagt, „trotz allem“ und nicht „weil“, denn der Glaube bleibt und ist das größte Wagnis der Seele, es ist kein Aberglaube, wohl aber ein Aber-Dennoch-Glaube, der trotz der Realitäten den Mut aufbringt, dem gütigen Gott zu glauben.

...

Es gibt die Antwort der Mystiker: Gott schuf die Welt, indem er sich selbst in sich zurückzog, denn vorher war Gott alles in allem, was Paulus auch sagt, so daß alles Gottheit war und es einst in der Endzeit wieder sein wird und Gott nur schaffen konnte durch seine Selbsterniedrigung. Wenn also alle Schöpfung eine Liebespassion des Herrn der Welt ist, so ist das ein Gott, der leiden kann, ja leiden will, wie es in der berühmten Theopathie einer rabbinischen Schule heißt – ein Gott, der mit Israel ins Exil zieht, wie es heißt, der mit den Hebräersklaven in der Sonne Ägyptens Ziegel bäckt, der im langen Zug der Verbannten am Ende der Kolonne mitzieht, mit den Kindern, den Siechen und den Armen, ein Gott, der all das Leid Israels teilt, um mit Israel auf die gemeinsame Erlösung zu harren, wie es im Talmud heißt.

...

Es gibt noch eine andere Schule, die da sagt: Wir müssen mit Gott rechten wie einst Abraham mit Gott um Sodom und Gomorrha gerechtet hat. Und so gab es in Auschwitz eine Gruppe von zehn Rabbinern, die Gott zur Rechenschaft ziehen wollten, indem sie sagten: Vater im Himmel, du hast uns geboten, nicht das Kalb mit der Mutter zu schlachten noch die Vogelmutter mit ihren Küken. Hier aber werden tagtäglich Väter mit Söhnen zusammen geschlachtet und vergast. Wie kannst du das verantworten? Und sie saßen zu Gericht, und nach drei Nächten von Verhandlungen sprachen sie Gott einstimmig schuldig, worauf der vorsitzende Rabbi sagte: Laßt uns das Abendgebet verrichten und zu ihm beten. Eine Antwort, die aller Logik widerspricht, keineswegs aber der jüdischen Theologie.

...

All das sind stammelnde Versuche, mit dem Rätsel der Theodizee und des Völkermordes fertig zu werden, ein Suchen, das noch lange nicht zu Ende ist, das aber vielleicht zu einer weiteren Korrektur des Judentums führen wird – einer der vielen Korrekturen, die Gott zuerst als den allmächtigen Herrscher-Gott, später als den gütigen Vater-Gott sah, der seine Kinder züchtigt, aber züchtigt aus Liebe und zur Erziehung, und letztlich in Gott den Leidensgefährten ausmachte. Ich nehme an, daß wir nach der Katastrophe die Allmacht Gottes neu durchdenken müssen, um sie mit seiner Güte vereinbar zu machen.

...

Einer unserer Rabbiner in Amerika ist der Meinung, daß diese dritte Katastrophe nicht nur zum Staate Israel hingeführt hat, wie Nahum Goldmann es wörtlich sagte, sondern auch eine Mündigwerdung im Judentum bedeuten könnte. So wird Gott nicht mehr als Krücke, als Nothelfer oder Gängelband betrachtet.

...

Wir sollen das Vermächtnis des Mose ernst nehmen: Als der greise Anführer seinem Volke sagte: Im Namen Gottes – Leben und Tod habe ich euch vorgelegt, Segen und Fluch; darum wählt das Leben, auf daß das Leben immer neu aufsprieße. Dies nimmt die Freisprechung der Menschen ernst und legt die Gestaltung unserer Zukunft in unsere Hände. So wird aus dem Völkermord nicht eine Theodizee-Frage, sondern eine Frage der Anthropodizee. Wo war der Mensch, als all dies geschah? Man kann Gott nicht zum Lükkenbüßer für die Unmenschlichkeit der Menschen machen.

...

Es geht nicht darum, einen göttlich freien Menschen zu schaffen, denn Gott bleibt unser Beistand und Trost. Oder wie Buber sagt: Ich bin nicht an dem Dasein Gottes interessiert – das ist für mich selbstverständlich, aber an dem Du-Sein Gottes. Ich brauche Gott für mein Seelenleben, für die Freiheit meiner Entscheidung und für meinen aufrechten Gang: Der Sinn meines Lebens ist Gott – aber nicht der, welcher mir tagtäglich Instruktionen gibt oder als oberster Polizeichef im Himmel mit einer Peitsche in der Hand mich belohnt oder bestraft. Gott hat mich geschaffen und gibt mir den Sinn meines Lebens. Er schenkte mir aber zugleich die fürchterliche Freiheit, die mich zur ewigen Wahl zwischen Gut und Böse, Fluch und Segen, Klugheit und Torheit verdammt.

Aus: Pinchas u. Ruth Lapide, Generation in der Wüste

38 Rudolf Höss: Erziehung zum Gehorsam

Von meinen Eltern war ich so erzogen, daß ich allen Erwachsenen und besonders Älteren mit Achtung und Ehrerbietung zu begegnen hätte, ganz gleich aus welchen Kreisen sie kämen. Überall, wo es notwendig ist, behilflich zu sein, wurde mir zur obersten Pflicht gemacht. Ganz besonders wurde ich immer darauf hingewiesen, daß ich Wünsche oder Anordnungen der Eltern, der Lehrer, Pfarrer usw., ja aller Erwachsenen bis zum Dienstpersonal unverzüglich durchzuführen bzw. zu befolgen hätte und mich durch nichts davon abhalten lassen dürfe. Was diese sagten, sei immer richtig.
Diese Erziehungsgrundsätze sind mir in Fleisch und Blut übergegangen. – Ich kann mich noch gut entsinnen, wie mein Vater – der als fanatischer Katholik ein entschiedener Gegner der Reichsregierung und deren Politik war – seinen Freunden stets vor Augen hielt, daß, trotz aller Gegnerschaft, die Gesetze und Anordnungen des Staates unbedingt zu befolgen wären.
Schon von klein auf wurde ich zu einem festen Pflichtbewußtsein erzogen. Es wurde in meinem Elternhaus streng darauf geachtet, daß alle Aufträge genau und gewissenhaft ausgeführt wurden. Jedes hatte immer einen gewissen Pflichtenkreis. Mein Vater achtete besonders darauf, daß ich alle seine Anordnungen und seine Wünsche peinlichst befolgte ...

Am ersten Kriegstage hielt Eicke eine Ansprache an die Führer der Ersatzformationen, die die aktiven SS-Einheiten an den Lagern abgelöst hatten. Darin betonte er, daß nun die harten Gesetze des Krieges ihr Recht verlangten, jeder SS-Mann habe nun ohne Rücksicht auf sein bisheriges Leben sich voll und ganz einzusetzen. Jeder Befehl müsse ihm heilig sein und auch den schwersten und härtesten hätte er ohne Zögern auszuführen. Der RFSS (Reichsführer SS) verlange von jedem SS-Führer ein vorbildliches Pflichtbewußtsein und seinen Einsatz für Volk und Vaterland bis zur Selbstaufgabe ...

Es wurde mir seit meiner Verhaftung wiederholt gesagt, daß ich ja diesen Befehl hätte ablehnen können, ja daß ich Himmler hätte über den Haufen schießen können. – Ich glaube nicht, daß unter den Tausenden von SS-Führern auch nur einer einen solchen Gedanken in sich hätte aufkommen lassen können. So etwas war einfach ganz unmöglich. Wohl haben viele SS-Führer über manchen harten Befehl des RFSS gemeckert, geschimpft, aber ausgeführt haben sie jeden. Der RFSS hat manchem SS-Führer durch seine unerbittliche Härte bitter wehgetan, aber nicht einer, glaube ich fest, hätte es gewagt, sich an ihm zu vergreifen, auch nicht in den geheimsten Gedanken. Seine Person als RFSS war unantastbar. Seine grundsätzlichen Befehle im Namen des Führers waren heilig ...

Was der Führer befahl bzw. für uns sein ihm Nächststehender, der RFSS – war immer richtig ...

Aus: Kommandant in Auschwitz – Autobiographische Aufzeichnungen des Rudolf Höss

39 Lea Fleischmann: Dies ist nicht mein Land

Unter § 6 heißt es:
„Mit vierzehn Tagen strengem Arrest wird bestraft, wer eigenmächtig ohne Befehl des Kompanieführers die für ihn bestimmte Unterkunft mit einer anderen vertauscht."
„Kann ich heute Nacht im Block nebenan schlafen?"
„Nein."
„Dort schläft mein Bruder, ich will in seiner Nähe sein."
„Das geht nicht."
„Warum nicht, nur diese eine Nacht."
„Das darf nur der Kompanieführer bestimmen."
„Aber mein Bruder wird heute nacht sterben, er liegt im Delirium."
„Das geht nicht, ich kann dazu keine Erlaubnis geben. Ich bin nur ein einfacher Wachmann. Laut der Disziplinar- und Strafordnung ist es verboten."
„Bitte, er stirbt. Nur diese eine Nacht."
„Nein, das ist ein Verstoß gegen die Lagerordnung."
Gegen eine Ordnung darf man nicht verstoßen. Auf gar keinen Fall. Wo kämen wir hin, wenn jeder machte, was er will. Ich bin nicht im Konzentrationslager, ich sitze nur in der Straßenbahn. Was hat denn eine Straßenbahn mit Ordnung zu tun? Es ist kalt, bitter kalt. Innerhalb weniger Stunden ist die Temperatur von 10 Grad über auf 10 Grad unter dem Gefrierpunkt gefallen.
Es ist Abend, und ich fahre mit der Straßenbahn nach Hause. Mitten auf der Strecke bleibt die Bahn stecken. Vor uns stehen noch andere Straßenbahnen. Es geht nicht weiter. Schneeverwehungen. Man hört das Heulen des Windes, und ich sehe die Schneeflocken im Sturm tanzen. In der Bahn ist es warm, die Heizung arbeitet, das elektrische Licht brennt.
Plötzlich klopft jemand ans Fenster der Straßenbahn, dort, wo der Fahrer sitzt. Ein junger Mann, ein Halbwüchsiger, ohne Mütze, ohne Handschuhe, nur mit einer dünnen Windjacke bekleidet. Der Fahrer schüttelt den Kopf.
„Warum öffnen Sie nicht?" frage ich ihn.
„Ich darf die Tür nicht aufmachen", sagt der Straßenbahnführer, „das ist gegen die Dienstvorschrift. Zwischen zwei Haltestellen darf die Tür nicht geöffnet werden."
„Bitte", sagte ich, „bitte öffnen Sie nur für einen Augenblick, damit er hereinkommen kann, er ist ja krebsrot vor Kälte."
„Das geht nicht, das ist gegen die Dienstordnung."
„Machen Sie auf", rege ich mich auf, „machen Sie auf, seien Sie kein Unmensch!"
Er schaut mich an. In dem Straßenbahnfahrer kämpft die Dienstordnung gegen den Menschen, die Disziplin gegen 10 Grad Kälte, die Vorschrift gegen ein rotgefrorenes Gesicht. Und die Ordnung siegt. „Nein", sagt er, „es ist gegen die Vorschrift, auf freier Strecke den Wagen zu öffnen."
An einem Silvesterabend hat in der Linie 14, um 21 Uhr, zwischen der Haltestelle Dom und Dominikanerplatz, die Ordnung wieder über die Menschlichkeit gesiegt.

Aus: Lea Fleischmann, Dies ist nicht mein Land. Eine Jüdin verläßt die Bundesrepublik.

40 Das Ausmaß der Vernichtung

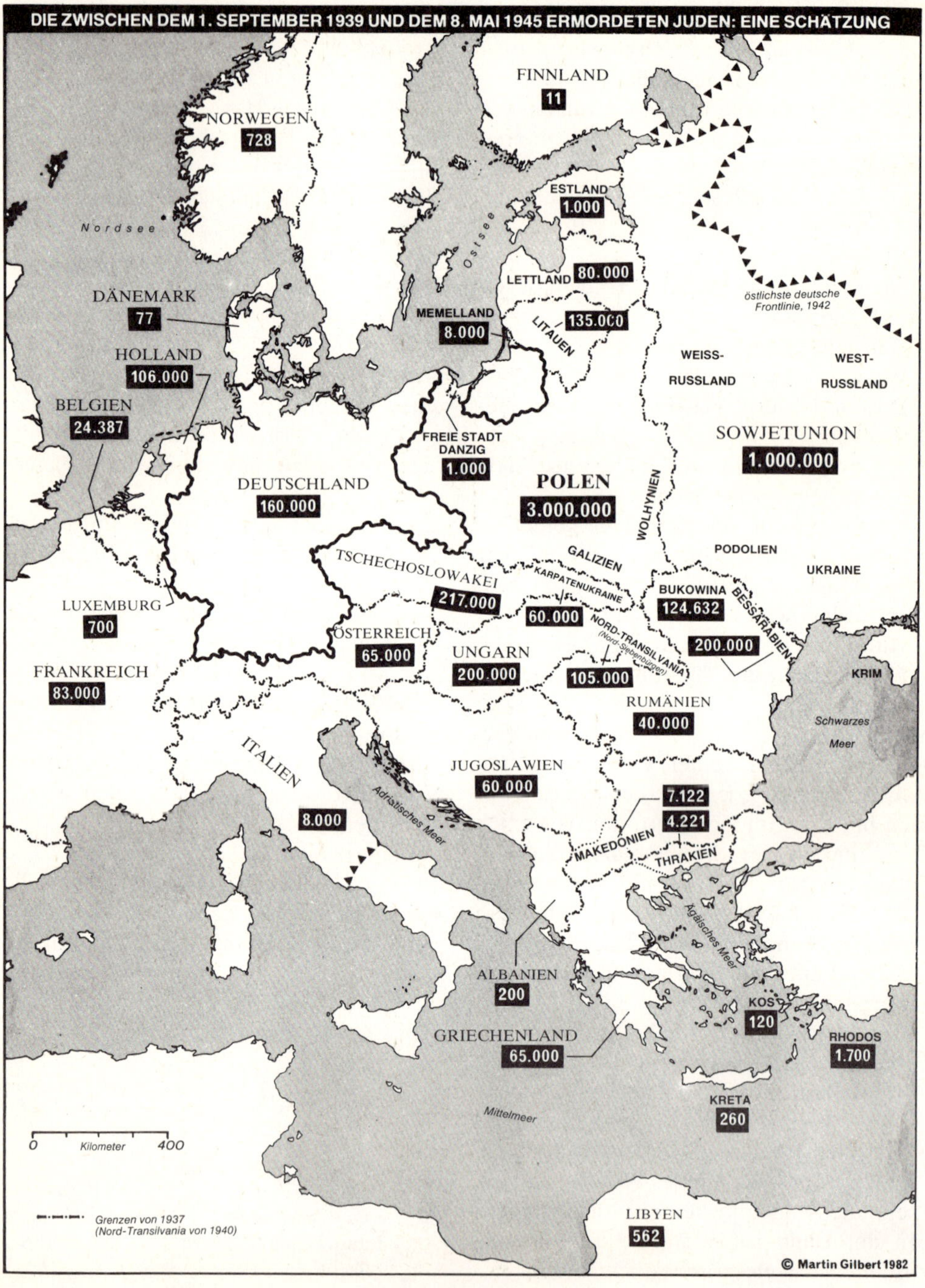

 Aus: Martin Gilbert, „Endlösung“. Die Vertreibung und Vernichtung der Juden. Ein Atlas.

41 Die Mutter von Yad Waschem

Der Staatsanwalt fordert lebenslange Haftstrafe

25 Morde als nachgewiesen angesehen – Acht Jahre für den zweiten Angeklagten wegen Beihilfe gefordert

Im Stuttgarter Judenmordprozeß, bei dem es um Greueltaten an jüdischen Frauen, Männern und Kindern geht, die im Herbst 1941 in der Ukraine begangen worden sind, hat der Anklagevertreter, Staatsanwalt Dr. Walter Gollrad, am Freitag seine Strafanträge gestellt. Für den 70 Jahre alten Kraftfahrzeugmeister Heinrich Adolf Hesse aus Stuttgart, den er des Mordes an 25 Juden für überführt hielt, forderte er eine lebenslängliche Freiheitsstrafe. Für den 65 Jahre alten Schlosser Johann Hermann aus Porta Westfalica beantragte er wegen Beihilfe zum Mord in mehr als 30 Fällen eine Freiheitsstrafe von acht Jahren.

Hesse und Hermann waren damals Angehörige des Werkstattzuges, der im Jahre 1941 von Arys in Ostpreußen in die Ukraine abmarschierte, nachdem Hitler der Wehrmacht den Überfall auf die Sowjetunion befohlen hatte. Der Werkstattzug habe, so Staatsanwalt Dr. Gollrad, ausschließlich den Auftrag gehabt, die Fahrzeuge der 1. SS-Infanteriebrigade „Mot" instandzusetzen. Gleichwohl habe der Zugführer, SS-Untersturmführer Max Täubner, eigenmächtig ohne höheren Befehl und auf sadistische Weise die Erschießung von Juden angeordnet.

Wegen der dabei entstandenen Exzesse und Grausamkeiten, aber nicht wegen der Morde als solcher war Täubner, wie ausführlich berichtet, 1943 vom damaligen Obersten SS- und Polizeigericht zu einer Zuchthausstrafe von zehn Jahren verurteilt worden. Der Angeklagevertreter: „Es ist höchst unbefriedigend, daß dieser Mann als Drahtzieher der ganzen Taten heute in Freiheit lebt." Heinrich Adolf Hesse habe als privilegierter Mann mit höherer Schulbildung, als „strammer Nazi" zu der Führungsclique um Täubner gehört, der, so fuhr Staatsanwalt Gollrad fort, die Mordtaten an der jüdischen Bevölkerung in der Ukraine im wesentlichen anzulasten seien.

So seien nach den damaligen Feststellungen des SS- und Polizeigerichts um den 12. September 1941 herum in Zwiahel 319 Juden, wenige Wochen später in der Nähe von Scholochowo 193 Juden und im Spätherbst in Alexandrija in mehreren Einzelaktionen 459 Juden erschossen worden. Die Aktionen seien ein solch einmaliger Vorfall gewesen, daß der Reichsführer SS Heinrich Himmler in der ersten Erregung erwogen haben, Zugführer Täubner sofort erschießen zu lassen.

Gollrad hielt den im Verfahren vor dem Stuttgarter Schwurgericht II Hauptangeklagten Hesse für schuldig, bei der ersten Erschießungsaktion in Zwiahel außerhalb der dafür angetretenen Formation der Zugangehörigen, quasi im Alleingang, drei bis vier Juden mit einem Karabiner aus nächster Nähe erschossen zu haben. Der Anklagevertreter: „Die Menschen wurden erschossen, nur weil sie Juden waren. Einen anderen Grund gab es nicht." Aus eigenem Antrieb habe Hesse die Örtlichkeiten, die Daten und die Zahlen über die getöteten Juden in seinem Taschenkalender notiert. Nach Zeugenaussagen habe er später einmal zu Täubner gesagt: „Untersturmführer, jetzt sind es schon soundsoviele Juden, die dran glauben mußten."

Hesse sei auch an einer zweiten Aktion in einem Vorratskeller des Werkstattzuges Täubner in Alexandrija beteiligt gewesen. Dabei seien in seiner Anwesenheit von Zugangehörigen dort eingesperrte Juden mit Knüppeln auf unsagbar grausame und brutale Weise geprügelt worden. Mindestens zwei Menschen seien dabei zu Tode gekommen. Dann habe der Angeklagte vier Juden, die dieses Massaker überlebt hätten, am nächsten Tag ins Freie geführt und durch im Genick aufgesetzte Pistolenschüsse getötet. Einige Tage später habe Hesse die Exekution von 15 jüdischen Kindern und deren Pflegerin geleitet. Staatsanwalt Gollrad: „Seine eigene Tochter war da gerade zehn Monate alt."

Der Anklagevertreter wertete die Aussage des als karrieresüchtig bezeichneten Hesse – er hatte es bei Kriegsende bis zum SS-Standarten-Oberjunker gebracht –, daß er nur auf Befehl Täubners gehandelt habe, als reine Schutzbehauptung. Hesse habe, wie alle diejenigen, die zum engeren Kreis um Zugführer Täubner gehört hätten, an den Exekutionen freiwillig teilgenommen. Er habe aus niederen Beweggründen und aus Mordlust gehandelt.

Den Mitangeklagten Hermann bezeichnete der Staatsanwalt als „Gehilfen" für die Tötung von mehr als 30 jüdischen Menschen in Zwiahel und Scholochowo. Hermann habe zwar auf Befehl von Täubner oder Hesse gehandelt, sich aber aus falsch verstandener Treuepflicht und aus Gehorsamsblindheit den „verbrecherischen und nicht bindenden Befehlen" nicht widersetzt. Solche Verbrechen, wie sie in der Ukraine verübt wurden, seien erst mit Leuten möglich geworden, die sich kritiklos als Befehlsempfänger zur Verfügung gestellt hätten.

Die Verteidiger der beiden Angeklagten werden am kommenden Dienstag plädieren. Das Urteil wird in der übernächsten Woche erwartet. sic

Stuttgarter Zeitung vom 23. Jan. 1982

43 Cordelia Edvardson: Ein Mann, der schlägt

Er ist ein müder, magerer Mann in mittleren Jahren, ein Mann mit gequälten Augen. Die Uniform hängt lose und schlampig an ihm, als gehöre sie einem anderen. Das Gewehr hantiert er unbeholfen, sicherlich ist ihm die Heugabel vertrauter oder der Wagenheber. Er ist einer von denen, die eingezogen wurden, als der Krieg schon verloren war, ein Verlierer.
Er sitzt an der Tür des Güterwagens auf Wache, mehr als Symbol denn aus Notwendigkeit. Keine dieser Frauen hat mehr die Kraft oder auch nur das Verlangen, an Flucht zu denken, und wohin sollten sie auch fliehen? Meistens sitzt er in seiner eigenen Hoffnungslosigkeit zusammengesunken da – ist er es, der sie bewacht, oder sind sie es, die ihn in ihrer Gewalt haben?
Das Mädchen spürt, daß er ihnen nichts Böses will. Ein paarmal holt er ihnen Wasser, gibt ihnen zu trinken. Dann schleppt er eines Tages einen großen Karton an, der kleine Tütchen mit Zucker enthält, so wie man sie im Restaurant bekommt, wo er die nun aufgetrieben haben mag. Er versucht sie gerecht zu verteilen, jede einzelne soll ein Tütchen bekommen, aber die Frauen werden wie wild, ihnen wachsen ungeahnte Kräfte. Sie schreien, schlagen, treten, reißen und zerren an den dünnen Tütchen, so daß ihnen der kostbare Zucker durch die krallenden Finger rinnt. Verzweifelt brüllt der Mann, sie sollen Ruhe geben, es sei genug für alle da, doch niemand hört auf ihn.
Und da beginnt er zu schlagen. Er schlägt vor Entsetzen, vor Enttäuschung und Hilflosigkeit, er schlägt mitten hinein in dieses Meer rasenden Leidens, das ihn zu verschlingen droht. Das krachende Geräusch, wenn der Gewehrkolben auf Knochen trifft, die durch keine Fettschicht mehr geschützt sind, die Schreie der Frauen, die zu stöhnendem Gewimmer werden. Dann ist es still. Die Frauen kriechen zusammen und lecken ihre Wunden und den Zucker, falls sie noch ein paar Körnchen finden.
Den Rest der Fahrt sitzt der Mann zusammengesunken, aller Gefühle entleert auf seinem Posten an der Tür. Hin und wieder murmelt er abwesend vor sich hin: „Herrgott, o Herrgott." Sieht so Mitleid aus, fragte sich das Mädchen. Ist das mitleiden?

Aus: Cordelia Edvardson, Gebranntes Kind sucht das Feuer

44 Daten und Fakten zur Judenpolitik des Nationalsozialismus

Aus dem Programm der NSDAP vom 24. 2. 1920:

Punkt 4: „Staatsbürger kann nur sein, wer Volksgenosse ist. Volksgenosse kann nur sein, wer deutschen Blutes ist, ohne Rücksicht auf Konfession. Kein Jude kann daher Volksgenosse sein."

Propagandaparole der NSDAP:

„Juda verrecke!"

In den Jahren 1933 bis 1935:

1. 4. 1933: Offizieller eintägiger Boykott jüdischer Geschäfte

7. 4. 1933: Gesetz gegen jüdische Beamte

11. 4. 1935: Verbot jeden persönlichen Verkehrs mit Juden für Parteigenossen

In den Jahren 1935 bis 1939:

15. 9. 1935: „Nürnberger Gesetze" (Blutschutz und Reichsbürgergesetz)

1935/39: Insgesamt daran anschließend ca. 250 Einzelverordnungen gegen Juden

9./10. 11. 1938: „Kristallnacht" (Zerstörung der Synagogen, jüdische Geschäfte und Wohnungen werden geplündert, ca. 30000 bis 40000 jüdische Männer werden in KZs gesperrt)

In den Jahren 1938 bis 1941:

April 1940: Erstes jüdisches Ghetto in Lodz

Oktober 1940: Ghetto in Warschau

Herbst 1940: Einführung des Judensterns in Polen

1. 9. 1941: Der Judenstern wird verbindlich für alle Juden

1941–1945: „Endlösung" der Judenfrage: Massendeportationen deutscher und europäischer Juden nach dem Osten, Massenvernichtung jüdischer Menschen durch Erschießen, Vergasen, Verbrennen und infolge brutaler KZ-Methoden.

Bilanz der nationalsozialistischen Judenpolitik:

4 bis 6 Millionen Opfer an jüdischen Menschen in Europa

Die Kirche nach 1945 und die Juden

45 Aus der Denkschrift „Christen und Juden"

Juden – Christen – Deutsche

Die Christen in Deutschland können und dürfen nicht vergessen, welche Verbrechen im Namen des deutschen Volkes an den Juden begangen worden sind, und treten darum für neue Beziehungen zu allen Juden ein.

Als Christen bedenken wir die besonderen Schwierigkeiten, die sich aus den Beziehungen der Deutschen zum jüdischen Volk ergeben haben. Die lange gemeinsame Geschichte von Juden und Christen in Deutschland hat zu vielfältiger gegenseitiger Anregung wie Ablehnung geführt. Die immer wieder auftretende Judenfeindschaft hat neben religiösen auch wirtschaftliche, politische und kulturelle Ursachen. Eine besondere Zuspitzung erfuhr der Judenhaß im Deutschland des 19. und 20. Jahrhunderts auf der Grundlage christlich-germanischer und rassistischer Ideologien. Er führte in letzter Konsequenz zu der Judenverfolgung nach 1933 und schließlich zum Mord an etwa 6 Millionen Juden in Europa.
Bis zum Beginn des Zweiten Weltkrieges konnten sich viele deutsche Juden dem drohenden Schicksal noch entziehen, insbesondere durch Auswanderung. Während des Zweiten Weltkrieges wurden jedoch in Deutschland und in allen besetzten Ländern jüdische Männer, Frauen und Kinder in Vernichtungslager deportiert und umgebracht; nur wenigen gelang es noch, auszuwandern oder sich zu verbergen. Zusammen mit Juden fielen auch Millionen nichtjüdischer Menschen der Verfolgung zum Opfer.
Zwar hatten nur wenige Deutsche vollen Einblick in die gesamte Planung der Vernichtung. Aber die meisten erlebten die Gesetzgebung und die öffentliche Hetze gegen Juden seit 1933, die Synagogenbrände und Geschäftsplünderungen im November 1938, das plötzliche Verschwinden jüdischer Nachbarn und Schulkameraden. Es gab auch Informationen durch ausländische Rundfunksendungen und durch Gerüchte. An die geplante Vernichtung der europäischen Judenschaft („Endlösung") glaubten die meisten Deutschen jedoch nicht oder wollten nicht daran glauben. Sie meinten, sich beruhigen zu dürfen mit Nachrichten von Umsiedlungen der Juden nach Osteuropa. Die christlichen Kirchen haben weithin geschwiegen. Nur wenige Menschen verhalfen unter eigener Lebensgefahr Juden zur Flucht oder versteckten sie.

Die Ausrottung von 6 Millionen Juden und damit die fast völlige Vernichtung der jüdischen Kultur in Europa haben im Bewußtsein des jüdischen Volkes in aller Welt eine tiefe seelische Verwundung hinterlassen, die noch Generationen hindurch wirksam sein wird und die sich oft in Unsicherheit und Angst sowie in einem empfindlichen Reagieren auf jede Form der Existenzgefährdung ausdrückt.
Die Katastrophe von Völkermord und Vernichtung (Holocaust) ist für das jüdische Volk in Israel wie in der Diaspora mit dem Namen Auschwitz in Polen verbunden, des größten Vernichtungslagers. Auschwitz wurde ähnlich wie Hiroshima

zum Symbol für die Erfahrung des Grauens der Vernichtung und zu einem Wendepunkt geschichtlichen und theologischen Denkens, insbesondere im Judentum.

Aus den schuldhaften Versäumnissen dieser Vergangenheit erwächst uns als Christen in Deutschland die besondere Verpflichtung, die neu aufkommende Judenfeindschaft, auch in der Gestalt des politisch und sozial motivierten „Antizionismus", zu bekämpfen und an der Neugestaltung des Verhältnisses zu den Juden mitzuarbeiten.

Aus: Christen und Juden; eine Studie des Rates der Evang. Kirche in Deutschland

46 Papst Johannes Paul II. und Oberrabbiner Elio Toaff

AP – Photo

47 Im einstigen Ghetto mahnt Johannes Paul II. zur Versöhnung

Der erste Papstbesuch in einer Synagoge ruft viele Emotionen wach – Besinnung auf das gemeinsame Erbe
Von Bernhard Hülsebusch, Rom

Der große Tag begann paradox. Rund um die Synagoge am Tiber, in der man die historische Begegnung mit dem Papst vorbereitete, errichtete die römische Polizei Straßensperren, riegelte sie das ganze Viertel ab – es war, als ob das alte Ghetto wiederentstünde. Mehr als 2000 Uniformierte und Geheimdienstler überwachten die Zone. Für die strengen Sicherheitsmaßnahmen gab es sozusagen einen doppelten Grund: Sowohl auf das Katholiken-Oberhaupt wie auch auf den Tempio degli Ebrei, die jüdische Synagoge, hatten Terroristen 1981/82 blutige Anschläge verübt. Bestand nicht die Gefahr, daß arabische Fanatiker gerade beim Papstbesuch an diesem 13. April ein Blutbad anrichten würden? „Gott sei Dank" atmeten die Sicherheitsbeamten (und nicht nur sie) auf, als die Veranstaltung ohne Zwischenfälle ablief.

Pünktlich um 17 Uhr fährt die schwarze Papst-Limousine mit dem Kennzeichen SCV 1 vor, Johannes Paul II., ganz in Weiß und mit auffallend ernster Miene, steigt aus. Vertreter der israelitischen Kultusgemeinden Italiens und Oberrabbiner Elio Toaff begrüßen ihn. Toaff trägt die Gewänder für besonders feierliche Anlässe: den weißen Mantel, weiße Mütze und den „Talet", die Schärpe mit schwarzen Streifen.

Als sich die beiden Männer an der Schwelle der Synagoge umarmen, klatschen die im Innenraum Versammelten spontan Beifall; manche Juden, das traditionelle „Kippot" auf dem Haupt, wischen sich Tränen aus den Augen. Alle spüren die symbolische Bedeutung dieser Umarmung im Zeichen der christlich-jüdischen Versöhnung, dieser „Umarmung nach fast 2000 Jahren", wie römische Zeitungen tags darauf titeln.

Bedächtigen Schrittes steigen Papst Wojtyla und Toaff die drei letzten Stufen zur „Teva" hinauf, zu der Erhöhung an der Stirnseite der Synagoge, vor dem verschlossenen Schrein mit den heiligen Schriftrollen. Über die Frage, ob sich ein Nichtjude auf die Teva begeben darf, hatte es lange Diskussionen in der israelitischen Kultusgemeinde gegeben, bevor man sich für Ja entschied. Auch sonst ist jedes Detail der Zeremonie in der Synagoge genau geplant, genau abgesprochen zwischen der Kultusgemeinde und dem Vatikan. Ein gemeinsames Gebet des Rabbiners mit dem Papst? Nein, darauf wurde verzichtet, vor allem angeblich mit Rücksicht auf jene orthodoxen Juden in Israel, die sich um die Bewahrung der Identität ihres Glaubens sorgen.

Dennoch, Verständigungswillen und Besinnung auf das gemeinsame geistliche Erbe von Christen und Juden sind die Hauptakzente der denkwürdigen Begegnung, die viele Emotionen auslöst. Giacomo Saban, Präsident der Israelitischen Kultusgemeinde Roms, drückt in seiner Ansprache den Wunsch aus, daß „dereinst alle, die an den einen Gott glauben, zusammen am Aufbau einer besseren Welt mitarbeiten". Allerdings verschweigt Saban die Diskriminierungen keineswegs, unter denen die römischen Juden unter der Herrschaft der Päpste zu leiden hatten. Er spielt auch auf das „Schweigen" Pius' XII. zur europäischen Judenverfolgung und speziell zur Deportation vieler römischer Juden 1943 durch die deutschen Besatzer an.

Rabbiner Toaff erinnert gleichfalls an die Judenverfolgung, aber dann unterstreicht er, im Blick auf die katholische Kirche, doch mehr die gemeinsamen Aufgaben, beim Einsatz für die Menschenrechte, beim Kampf gegen Rassismus, Gewalt und Terrorismus. Die dem Holocaust entronnenen Juden, bekräftigt er, fanden in Israel, dem Land ihrer Väter, eine Heimat. Deshalb müsse man die „unersetzliche Rolle" Israels für die Juden anerkennen. Das ist ein Wink mit dem Zaunpfahl: Der Heilige Stuhl solle endlich den Staat Israel voll anerkennen.

Der Papst, auf einem vergoldeten Stuhl sitzend, hört mit gedankenschwerer Miene zu, mit der Hand sein Kinn stützend. Dann hält er seine Ansprache, mit leiser Stimme. Es scheint, als ob ihn die Last der schuldhaften Vergangenheit, der feindseligen Haltung so vieler Kirchenmänner gegenüber den Juden, geradezu physisch bedrückt. Wojtyla würdigt seinen Vorgänger Johannes XXIII., der großes Verständnis für die Juden zeigte, und besonders die Konzilserklärung „Nostra aetate", die eine positive „Revolution" im Verhältnis zwischen Christen und Juden zuwege brachte. „Noch einmal", sagte Johannes Paul II., „bedauert die Kirche, hier durch meine Person, den Haß."

Während der Papst schuldbewußt die Augen senkt, klatscht die Versammlung. „Ihr seid unsere auserwählten, man könnte sagen, unsere älteren Brüder", sagt der Papst an die Juden gewandt – wiederum Applaus. Alles in allem wird Johannes Paul neunmal vom Beifall unterbrochen. Eine derartige Zustimmung hatten weder er selbst noch seine Begleiter, die Kardinäle Willebrands und Poletti, erwartet.

Den Ansprachen folgt die Lesung der Psalmen. „Siehe, wie fein und lieblich ist's, daß die Brüder einträchtig beeinander wohnen . . .", trägt Johannes Paul vor, jedes Wort betonend. Noch einmal umarmen sich der Papst und Oberrabiner Toaff. Dann stimmt der Chor Jeanes „Ani Maamin" (Ich glaube, daß der Messias kommt) an, das viele Juden bei der Deportation, ja sogar beim Gang in die Gaskammern sangen. Der Papst ist sichtlich ergriffen. Er grüßt die Versammlung, dann begibt er sich mit Toaff in den zweiten Stock der Synagoge zu einer 20minütigen Unterredung.

Ob er dem Oberrabiner abermals die Motive erläutert hat, aus denen der Heilige Stuhl den Staat Israel nicht anerkennt? Es sind politisch-diplomatische Gründe. Die Grenzen zwischen Israel und Syrien sowie Jordanien, so hebt man im Vatikan hervor, sind international nicht sanktioniert. Deshalb unterhält der Heilige Stuhl auch keine diplomatischen Beziehungen zum Königreich Jordanien. Außerdem habe Israel verschiedene UN-Resolutionen nicht befolgt. Und schließlich verweigert Israel die vom Vatikan gewünschte Internationalisierung der heiligen Stätten in Jerusalem.

Über den Inhalt des Gesprächs zwischen Wojtyla und Toaff verlautet freilich nichts. Beim anschließenden Treffen des Papstes mit Vertretern der israelischen Kultusgemeinde herrscht eine respektvoll-freundliche Atmosphäre. „Wir sind glücklich, daß sie gekommen sind", sagen die Juden dem Katholiken-Oberhaupt und Bischof von Rom. Einige sprechen ihn, wie Toaff als „Eure Heiligkeit" an. Der Besuch in der Synagoge werde eine neue Epoche im christlich-jüdischen Verhältnis einleiten: Johannes Paul II. nickt und dankt. Er wirkt, nach einem Tag voll anstrengender Veranstaltungen, erschöpft. Gleichwohl verweist er schon auf weitere, wichtige Termine: den Rabbiner Toaff wird er spätestens am 27. Oktober in Assisi wiedertreffen, denn dorthin hat der Papst Vertreter aller Religionen zu einem gemeinsamen Gebet für den Frieden eingeladen.

Stuttgarter Zeitung vom 15. April 1986

48 Gemeinsame Erklärung der jüdischen und der lutherischen Weltgemeinschaft (Juli 1983)

Aus Anlaß der 500. Wiederkehr von Luthers Geburtstag sind Vertreter der jüdischen Weltgemeinschaft und der lutherischen Weltgemeinschaft vom 11.–13. Juli 1983 in Stockholm zu ihrem zweiten offiziellen Dialog zusammengekommen.

Wir denken hier in Stockholm an die von Mitleiden bestimmte Reaktion skandinavischer Christen auf das Schicksal jüdischer Opfer der Verfolgung durch die Nazis vor vierzig Jahren. Dieses Vorbild erneuert unseren Glauben an die Fähigkeit des Menschen, sich dem Bösen mutig und entschlossen zu widersetzen.

Die Gespräche über das Thema »Luther, das Luthertum und die Juden« waren von Offenheit und einem Geist gegenseitiger Achtung vor Integrität und Würde unserer Glaubensgemeinschaften gekennzeichnet. Bei den Diskussionen ergab sich, daß großes gegenseitiges Verständnis und Vertrauen herrscht.

a) Wir bekräftigen Integrität und Würde unserer beiden Glaubensgemeinschaften und lehnen jede organisierte Kampagne zur Proselytenmacherei* der Angehörigen des anderen Glaubens ab.

b) Wir verpflichten uns, jegliche Form rassischen und religiösen Vorurteils zu bekämpfen, und bekunden unsere Solidarität mit allen, denen volle Religionsfreiheit vorenthalten wird.

c) Wir teilen mit den Propheten Israels ein gemeinsames Erbe, und inspiriert von ihrer Vision verpflichten wir uns dazu, auf eine Welt hinzuarbeiten, in der die Drohung mit Atomkrieg nicht länger besteht, in der Armut und Hunger beseitigt werden, in der Gewalt und Terrorismus überwunden werden und in der ein gerechter und dauerhafter Frieden hergestellt wird.

Wir begrüßen diese historische Begegnung, und wir beten darum, daß sie ein neues Kapitel in unseren Beziehungen eröffnen möge, wobei an die Stelle von Argwohn Vertrauen und an die Stelle von Vorurteil gegenseitige Achtung tritt. Zu diesem Zweck werden wir regelmäßig zu Gesprächen und gemeinsamen Tätigkeiten zusammenkommen, die unsere gemeinsamen Bande im Dienste der Menschheit verstärken.

---

* Im Ökumenischen Rat der Kirchen und allgemein in ökumenischen Gruppen wird Proselytenmacherei im Sinne der Verwendung von Gewalt – soziologische, wirtschaftliche, institutionelle – verstanden, die Menschen veranlaßt, eine institutionelle Zugehörigkeit ohne Wandel der Gesinnung zu wechseln.

veröffentlicht in: „Dokumente der siebenten Vollversammlung des Lutherischen Weltbundes“

Jüdisches Selbstverständnis nach 1945: Der Staat Israel

49 Freunde, daß der Mandelzweig . . . In „Umkehr zum Leben"

2. Daß das Leben nicht verging,
so viel Blut auch schreit,
achtet dieses nicht gering
in der trübsten Zeit.

4. Freunde, daß der Mandelzweig
sich in Blüten wiegt,
bleibe uns ein Fingerzeig,
wie das Leben siegt.

Text: Schalom Ben-Chorin (nach Jer. 1.11). Melodie: F. Baltruweit.
Aus dem Kirchentagsliederheft 1983 „Umkehr zum Leben".

50 Aus der Unabhängigkeitserklärung des Staates Israel (14. Mai 1948)

Die Überlebenden des schrecklichen Nazi-Gemetzels in Europa sowie Juden anderer Länder scheuten weder Mühsal noch Gefahren, um nach dem Lande Israel aufzubrechen und ihr Recht auf ein Dasein in Würde und Freiheit und ein Leben redlicher Arbeit in der Heimat durchzusetzen.

...

Im Lande Israel entstand das jüdische Volk. Hier prägte sich sein geistiges, religiöses und politisches Wesen. Hier lebte es frei und unabhängig. Hier schuf es eine nationale und universelle Kultur und schenkte der Welt das ewige Buch der Bücher.

Durch Gewalt vertrieben, blieb das jüdische Volk auch in der Verbannung seiner Heimat in Treue verbunden. Nie wich seine Hoffnung, nie verstummte sein Gebet um Heimkehr und Freiheit.

...

Wir wenden uns – selbst inmitten mörderischer Angriffe, denen wir seit Monaten ausgesetzt sind – an die in Israel lebenden Araber mit dem Aufrufe, den Frieden zu wahren und sich aufgrund voller bürgerlicher Gleichberechtigung und entsprechender Vertretung in allen provisorischen und permanenten Organen des Staates an seinem Aufbau zu beteiligen.

Wir bieten allen unseren Nachbarstaaten und ihren Völkern die Hand zum Frieden und guter Nachbarschaft und rufen zur Zusammenarbeit und gegenseitigen Hilfe mit dem selbständigen jüdischen Volk in seiner Heimat auf. Der Staat Israel ist bereit, seinen Beitrag bei gemeinsamen Bemühungen um den Fortschritt des gesamten Nahen Ostens zu leisten.

Unser Ruf ergeht an das jüdische Volk in allen Ländern der Diaspora, uns auf dem Gebiete der Einwanderung und des Aufbaues zu helfen und uns im Streben nach der Erfüllung des Traumes von Generationen – der Erlösung Israels – beizustehen.

In: „Lernprozeß Christen Juden“

51 Cordelia Edvardson: In Israel

I

»Dies ist kol Israel – Israels Stimme aus Jerusalem.«

Ein Rundfunkprogramm anläßlich von Jom hashoa, dem Tag der Vernichtung. Eine Frau erinnert sich, wie sie und ihre Familie zusammen mit allen anderen Juden auf dem kopfsteingepflasterten Marktplatz des polnischen Städtchens gesammelt werden. Ihre vierjährige Tochter ist verängstigt und weint laut.
»Ich versuchte sie zum Schweigen zu bringen, die SS-Wachen sahen schon zu uns rüber, sie konnte mit dem Weinen ihren Zorn reizen, und ich hatte Angst, daß sie ihr etwas antun. Schließlich schlug ich sie, heftig. Da wurde sie still.«
Später riß man das verstummte Mädchen von der Mutter fort.
»Aber«, weint die überlebende Mutter, »als sie sie ermordeten, da muß sie ja geglaubt haben, es sei eine Strafe dafür, daß sie ungehorsam gewesen ist. Ich hatte sie doch kurz vorher geschlagen. Ich schlug sie!«

II

Jizkor! Erinnere dich!

Wir erinnern uns. Jedes Jahr, wenn die Sirenen über das ganze Land heulen, wenn der gesamte Verkehr ruht und die Menschen wie Salzsäulen auf den Straßen stehen, in den Schulen und am Arbeitsplatz. Wir drehen uns um und erinnern uns – der Toten und unser selber. Die Überlebenden ergreifen die Hände der Toten, und wir kehren wieder zum Leben zurück, zu dem, was unser Leben war und ist.
In diesem Land sind wir besessen vom Tod, hat jemand einmal gesagt. Das ist wahr, dachte sie, die Erinnerungstafeln und Denkmäler unserer toten Helden und Märtyrer sind über das ganze Land verstreut, und selbst in der Landschaft, in Ajalons Tal, auf dem Berg Gilboa und in der Wüste Juda sind unsere Aufstände, unsere Siege und Niederlagen gegenwärtig.
Aber wir sind auch besessen davon, Überlebende zu sein, verkohlte Holzstücke, die aus dem Feuer gerissen wurden, Augen, die durch den beißenden Rauch ständig tränen. Wir sind gleichzeitig Jäger und Wild, ohne Erbarmen hetzen wir uns hinaus aus unserem Bau.
„Hepp, hepp, Jude, lauf!" Wir laufen, darum leben wir.
Wir holen uns selber ein und reißen uns in Stücke, darum leben wir.
Wir spüren, wie der Boden unter unseren Füßen nachgibt, und machen noch einen Schritt auf den Abgrund zu, darum leben wir.
Wir schenken Leben, und unsere Kinder werden mit der Nabelschnur erdrosselt – bis ins dritte und vierte Glied.

III

Gebranntes Kind sucht das Feuer.

Als sie in die verdunkelte Stadt kam, wußte sie, daß sie heimgekommen war. Dies war eine Wirklichkeit, die sie wiedererkannte, hier wollte sie bleiben. Sie war als Beobachterin und Reporterin gekommen, aber das Wissen um die Ver-

gangenheit und die Geschichte machten sie zur Teilnehmerin.
Es war in den ersten Tagen des Jom Kippur-Krieges, das Land hielt den Atem an, kroch in der Dunkelheit zusammen, in äußerster Konzentration und Anspannung wie bei einem bedrohten Tier, bevor es zum tödlichen Sprung ansetzt. Die drohende Vernichtung und die Menschen des Landes sahen einander mit der Vertrautheit des Wiedererkennens in die Augen. Die Überlebenden kehrten zu der einzigen Lebensform, der einzigen Aufgabe und Herausforderung zurück, die sie beherrschten – dem Kampf ums Überrleben. Aber, so empfand sie es, hier begegneten sich die Menschen und die Vernichtung als Gegner, der Ausgang war nicht von vornherein gegeben, diesmal nicht. Dies war ein faires Spiel. Sollte die Vernichtung gewinnen, dann nicht deshalb, weil die Opfer, gelähmt und versteinert durch den Anblick der Bestie, zu ihrem eigenen Untergang beitrugen. Diesmal hatte die Bedrohung ein menschliches Gesicht, das Gesicht des Feindes. Es mußte bekämpft, konnte vielleicht besiegt werden, konnte aber auch erkannt und geachtet werden. Darum, und allein darum, in Widerstand und Achtung, gewannen die Überlebenden die Achtung vor sich selber zurück. Sie würden nicht bereitwillig ihre eigenen Gräber schaufeln, aber die Toten des Feindes würden auch nicht den Füchsen und Hunden der Wüste überlassen bleiben.

Aus: Cordelia Edvardson, Gebranntes Kind sucht das Feuer

52 Hanna Krall: Selbstachtung

Einmal sah ich auf der Zelazna-Straße einen Auflauf. Die Leute drängten sich um eine Tonne, eine gewöhnliche Holztonne, auf der ein Jude stand. Er war alt und klein und hatte einen langen Bart.
Vor ihm standen zwei deutsche Offiziere. (Zwei schöne, gut gewachsene Männer vor dem kleinen, buckligen Juden.) Und diese Deutschen schnitten mit einer großen Schneiderschere dem Juden Stück für Stück den langen Bart ab und lachten sich dabei halb tot.
Die Menge, die sie umgab, lachte auch. Denn objektiv genommen war das wirklich komisch: das kleine Männchen auf der Holztonne mit dem Bart, der unter der Schneiderschere immer kürzer wurde und verschwand. Wie ein Gag im Film.
Es gab das Ghetto noch nicht, darum empfand man bei dieser Szene kein Grauen. Dem Juden geschah ja auch nichts Schreckliches, nur daß man ihn ungestraft auf diese Tonne hatte stellen können und die Menschen bereits zu verstehen begannen, das sei ungestraft möglich, und daß es lächerlich wirkte.
Weißt du was?
Damals begriff ich: Wichtig ist vor allem, daß man sich nicht auf eine Tonne stellen läßt. Nie, von niemandem. Verstehst du? Alles, was ich später tat, habe ich getan, um mich nicht dorthin stellen zu lassen.

Aus: Hanna Krall, Schneller als der liebe Gott

53 Martin Buber: Von den Religionen

Jede Religion hat ihren Ursprung in einer Offenbarung. Keine Religion ist absolute Wahrheit, keine ist ein auf die Erde herabgekommenes Stück Himmel. Jede Religion ist eine menschliche Wahrheit. Das heißt, sie stellt die Beziehung einer bestimmten menschlichen Gemeinschaft als solcher zum Absoluten dar. Jede Religion ist ein Haus der nach Gott verlangenden Menschenseele, ein Haus mit Fenstern und ohne Tor; ich brauche nur ein Fenster aufzumachen und Gottes Licht dringt ein; mache ich aber ein Loch in der Mauer und breche aus, dann bin ich nicht bloß hauslos geworden: mich umgibt ein kaltes Licht, das nicht das Licht des lebendigen Gottes ist. Jede Religion ist ein Exil, in das der Mensch vertrieben ist; hier ist er es deutlicher als sonstwo, weil in seiner Beziehung zu Gott von den Menschen anderer Gemeinschaften geschieden; und nicht eher als in der Erlösung der Welt können wir aus den Exilen befreit und in die gemeinsame Gotteswelt gebracht werden. Aber die Religionen, die das wissen, sind in der gemeinsamen Erwartung verbunden; sie können einander Grüße von Exil zu Exil, von Haus zu Haus durch die offenen Fenster zurufen. Doch nicht das allein: sie können miteinander in Verbindung treten und miteinander zu klären versuchen, was von der Menschheit aus getan werden kann, um der Erlösung näher zu kommen; es ist ein gemeinsames Handeln der Religionen denkbar, wenn auch jede von ihnen nicht anderswo handeln kann als im eignen Haus. All das aber ist nur in dem Maße möglich, als jede Religion sich ihrem Ursprung, der Offenbarung, in der sie ihren Ursprung hat, zuwendet und an der Entfernung davon, die sich in ihrem geschichtlichen Entwicklungsprozeß vollzogen hat, Kritik übt. Die geschichtlichen Religionen haben die Tendenz, Selbstzweck zu werden und sich gleichsam an Gottes Stelle zu setzen, und in der Tat ist nichts so geeignet, dem Menschen das Angesicht Gottes zu verdecken wie eine Religion. Die Religionen müssen zu Gott und zu seinem Willen demütig werden; jede muß erkennen, daß sie nur eine der Gestalten ist, in denen sich die menschliche Verarbeitung der göttlichen Botschaft darstellt – daß sie kein Monopol auf Gott hat; jede muß darauf verzichten, das Haus Gottes auf Erden zu sein, und sich damit begnügen, ein Haus der Menschen zu sein, die in der gleichen Weise Gott zugewandt sind, ein Haus mit Fenstern; jede muß ihre falsche exklusive Haltung aufgeben und die rechte annehmen. Und noch etwas ist not: die Religionen müssen mit aller Kraft darauf horchen, was Gottes Wille für diese Stunde ist, sie müssen von der Offenbarung aus die aktuellen Probleme zu bewältigen suchen, die der Widerspruch zwischen dem Willen Gottes und der gegenwärtigen Wirklichkeit der Welt ihnen stellt. Dann werden sie, wie in der gemeinsamen Erwartung der Erlösung, so in der Sorge um die noch unerlöste Welt von heute verbunden sein.

Aus: Martin Buber, Fragmente über Offenbarung

Quellenverzeichnis

1 Max Picard, Hitler in uns selbst. Erlenbach-Zürich/Stuttgart 1946, Eugen Rentsch Verlag, S. 57–64

2 Werner Keller, Und wurden zerstreut unter alle Völker. München 1966, Droemer Knaur (TB Nr. 3325), S. 180–181

3 Große Heidelberger Liederhandschrift

4 Nach Siegfried Schulz

5 zitiert nach: Willehad Paul Eckert. In: Kirche und Synagoge, Handbuch zur Geschichte von Christen und Juden von K. H. Rengstorf, S. v. Kortzfleisch. Stuttgart 1968, Klett Verlag

6 soweit nicht anders angegeben: aus der Stuttgarter Zeitung

7 Martin Erbstösser, Die Kreuzzüge. Eine Kulturgeschichte. Prisma Verlag, Gütersloh 1980, S. 86–88

8 Aus: Die ZEIT vom 3. Okt. 1986, Nr. 41. Aufnahme: J. H. Darchinger

9 Fritz Baumgart, Geschichte der Abendländischen Plastik. Schauberg/Köln 1966, Verlag M. Du Mont, Bildtafeln Nr. 64 und 65

10 Bildarchiv Preussischer Kulturbesitz

11 Martin Stöhr, Kraft d. Erinnerns. Stuttgart 1986, Kreuz Verlag

12 Konrad Witz: Ecclesia und Synagoge. Zwei Bilder des Heilsspiegelaltars (Kunstmuseum Basel)

13 Lied Nr. 111. Aus: Ortwin Schweitzer, Karl Häberle, Die Fontäne. Schriftenniederlage des Evangelischen Jugendwerks in Württemberg GmbH, Stuttgart 1982

14 Elisabeth Langgässer, Der Torso. Hamburg 1954, Claassen Verlag

15 Bilder vom Beuroner Kunstverlag, Nr. 4256, 4213

16 Dr. Martin Luthers Werke, Weimar, Hermann Böhlhaus Nachfolger, 11. Band, 1900

17 Dr. Martin Luthers Werke, Weimar, Hermann Böhlhaus Nachfolger, 53. Band, 1920

18 Albert H. Friedlander: Martin Luther und wir Juden. In: Die Juden und Martin Luther – Martin Luther und die Juden. Neukirchen/Vluyn 1985, Neukirchener Verlag, S. 295f.

19 Jürgen Seim: Antwort an Albert Friedlander. In: Die Juden und Martin Luther – Martin Luther und die Juden. Neukirchen/Vluyn 1985, Neukirchener Verlag, S. 299

20 siehe M 2, S. 409

21 Wilhelm Stockle: Deutsche Aussichten. München 1982, Deutscher Taschenbuchverlag (dtv Geschichte Nr. 10041), S. 21

22 A Deutsche Presse Agentur, Frankfurt. Aus: Gerhard Schoenberner: Der gelbe Stern, München 1978, C. Bertelsmann Verlag, S. 17

22 B Fotographie 1933. Aus: Die jüdische Emigration aus Deutschland 1933–1941. Die Geschichte einer Austreibung. Frankfurt a.M. 1985, Buchhändlervereinigung, S. 93

22 C Keystone, München. Aus: siehe M 22 A, S. 21

23 Horst Lange: Was ich nie vergessen werde. Aus: Als das Gestern heute war. München 1977, Ellermann Verlag, S. 260

24 Faksimile. Aus: Die jüdische Emigration aus Deutschland 1933–1941, Die Geschichte einer Austreibung, Frankfurt a.M. 1985, Ausstellung der Deutschen Bibliothek, S. 76, 77

25 Kongreß Verlag, Berlin
26 Aus: Die Nacht, in der die Synagogen brannten. Hrsg. von der Landeszentrale für pol. Bildung Baden-Württemberg. Villingen-Schwenningen 1978, Neckar Verlag, S. 65f.
27 Friedrich-Wilhelm Marquardt / Albert Friedlander: Das Schweigen der Christen und die Menschlichkeit Gottes. München 1980, Chr. Kaiser Verlag, S. 30, 31
28 Reinhold Schneider: Verhüllter Tag. Köln/Olten 1956, bei Jacob Hegner, S. 155
29 © 1982 bei Edition Melodia, Hans Gerig, Köln
30 Denkendorfer Kreis für christlich-jüdische Begegnungen
31 Zvi Kolitz: Jossel Rackower spricht zu Gott. In: Almanach 2 für Literatur und Theologie, Wuppertal 1968, Peter Hammer Verlag, S. 19–28
32 Axel Böing: Auschwitz. Frankfurt a.M. 1976, Röderberg Verlag, S. 20, 21, 26f.
33 Yaffa Eliach: Träume vom Überleben. Freiburg 1985, Herder Verlag, S. 99
34 siehe M 33, S. 161
35 siehe M 33, S. 175–177
36 Herman Wouk: Weltsturm. Hamburg 1978, Hoffmann und Campe
37 Pinchas und Ruth Lapide: Generationen in der Wüste. In: Evangelische Kommentare, Stuttgart 1986, Kreuz Verlag, S. 331ff.
38 „Kommandant in Auschwitz – Autobiographische Aufzeichnung des Rudolf Höss", Stuttgart 1979, Deutsche Verlagsanstalt
39 Lea Fleischmann: Dies ist nicht mein Land. Eine Jüdin verläßt die Bundesrepublik, Hamburg 1980, Hoffmann und Campe, S. 204–206
40 Martin Gilbert: „Endlösung". Die Vertreibung und Vernichtung der Juden. Ein Atlas. Reinbeck bei Hamburg 1982, Rowohlt, S. 244
41 Statue „Mutter" von Ilina Gur in Yad Waschem (Jerusalem)
42 Stuttgarter Zeitung vom 23. Januar 1982, Siegfried Clemens
43 Cordelia Edvardson: Gebranntes Kind sucht das Feuer. München/Wien 1986, Carl Hanser Verlag, S. 36, 37
44 Daten und Fakten, Sammlung des Autoren
45 „Christen und Juden", Eine Studie der Evang. Kirche in Deutschland. Gütersloh 1975, Gütersloher Verlagshaus Gerd Mohn, S. 30, 31
46 AP-Photo
47 Stuttgarter Zeitung vom 15. April 1986, Bernhard Hülsebusch
48 Veröffentlicht in „Dokumente der siebten Volksversammlung des Lutherischen Weltbundes"
49 In „Umkehr zum Leben", Kirchentagsliederheft 1983, Lied Nr. 701, Neuhausen-Stuttgart 1983, Hänssler Verlag, Musikrechte liegen bei Dagmar Kamenzky, Musikverlag Hamburg
50 In: „Lernprozeß Christen Juden", Freiburg 1984, Herder, S. 252ff.
51 siehe M 43, S. 131–133
52 Hanna Krall: Schneller als der liebe Gott. Suhrkamp Verlag, Frankfurt am Main 1950
53 Martin Buber: Fragmente über Offenbarung. In: „Nachlese", Heidelberg 1965, Verlag Lambert Schneider, S. 110ff.